AF389548

LISE BOURBON

ARRÊTE DE T'ACCROCHER !

AIMER, OUI...

MAIS EN TOUTE LIBERTÉ

INTERDIT AUX MÂLES DOMINANTS

Dépôt légal 4ème trimestre 2024

ISBN : 978-2-487053-07-6

Contact : petitprecispouretreprecis@gmail.com

Introduction
Le Chemin vers Soi

Chère lectrice,

En ouvrant ce livre, vous faites déjà un premier pas crucial vers votre liberté émotionnelle. Peut-être avez-vous ressenti ce besoin pressant de changement, cette intuition que quelque chose dans vos relations ne vous correspond plus. Vous n'êtes pas seule dans cette quête, et ce chemin que vous entamez est aussi courageux que transformateur.

Dans notre société hyperconnectée, il peut sembler paradoxal de parler de dépendance affective. Nous n'avons jamais eu autant de moyens de communiquer, de nous relier aux autres, et pourtant, nombreuses sont celles qui se sentent prisonnières de liens qui les étouffent plutôt que de les faire grandir.

L'autonomie émotionnelle n'est pas un état de détachement froid ou d'indifférence. Au contraire, c'est la capacité à vivre pleinement ses émotions tout en maintenant un ancrage solide en soi-même. C'est pouvoir aimer profondément tout en restant libre, s'attacher tout en demeurant entière.

Pourquoi ce livre ?

La dépendance affective touche particulièrement les femmes, non par une quelconque faiblesse innée, mais en raison de conditionnements sociaux profondément ancrés. Depuis l'enfance, nous sommes souvent éduquées dans l'idée que notre valeur dépend de notre capacité à prendre soin des autres, à maintenir l'harmonie relationnelle, parfois au détriment de nos propres besoins.

Ce livre se veut un guide bienveillant, un compagnon de route qui vous accompagnera pas à pas vers une plus grande autonomie émotionnelle. Il ne s'agit pas de rejeter l'amour ou les relations, mais d'apprendre à les vivre différemment, de manière plus équilibrée et épanouissante.

Comment utiliser ce guide

Ce livre est conçu comme un parcours progressif, alternant théorie et pratique. Chaque chapitre comprend :

Des explications claires et accessibles

Des témoignages inspirants

Des exercices pratiques

Des espaces de réflexion personnelle

Des outils concrets à appliquer au quotidien

Prenez le temps de faire les exercices proposés. L'autonomie émotionnelle est comme un muscle qui se développe avec la pratique. Certains exercices pourront vous sembler challenging, d'autres plus naturels. Tous sont des occasions de mieux vous connaître et de grandir.

Première Partie
Comprendre la Dépendance Affective

Chapitre 1
Les Racines de la Dépendance

La dépendance affective ne naît pas de nulle part. Comme un arbre, elle plonge ses racines dans le terreau de notre histoire personnelle, familiale et sociale. Chaque émotion non exprimée, chaque besoin ignoré, chaque blessure passée vient nourrir cet arbre invisible, qui grandit en nous sans que nous en ayons pleinement conscience. Les racines s'enfoncent profondément, s'entremêlent aux souvenirs d'enfance, aux attentes de nos parents, aux normes de la société. Ce n'est pas un arbre planté par hasard ; il est cultivé par des années de croyances tacites, d'injonctions silencieuses, de peurs et de désirs inassouvis.

Comprendre ces origines n'est pas une façon de nous déresponsabiliser, mais le premier pas vers une véritable transformation. Car tant que nous ne plongeons pas profondément dans notre passé, tant que nous n'acceptons pas de regarder en face ces racines sombres et tortueuses, l'arbre de la dépendance continue de grandir, d'étendre ses branches dans tous les aspects de notre vie. Il devient un obstacle à notre épanouissement, étouffant notre capacité à aimer et à être aimés librement.

Mais en prenant le temps de comprendre, de déterrer ces racines avec bienveillance, nous découvrons que nous avons le pouvoir de transformer cet arbre. Les racines peuvent être taillées, les branches redirigées. Ce qui semblait être une fatalité devient alors une opportunité de croissance. En affrontant les fantômes du passé, en apprenant à reconnaître les schémas qui se répètent, nous plantons les graines d'un amour plus sain, plus libre.

C'est un processus lent, parfois douloureux, mais profondément libérateur. Il ne s'agit pas d'arracher brutalement cet arbre, car il fait partie de nous, mais de le sculpter, de le modeler, de lui permettre de devenir autre chose — un arbre de force, de résilience, de liberté retrouvée. Chaque exploration de nos racines, chaque découverte des failles et des forces enfouies en nous, est un acte d'amour envers nous-mêmes, un pas vers une vie où l'amour n'est plus une dépendance, mais un choix.

L'héritage émotionnel

Nous héritons souvent de nos parents bien plus que des traits physiques ou un patrimoine matériel. Nos premiers modèles relationnels se forgent dans le creuset familial, dans cette sphère où les gestes, les regards, les non-dits construisent en silence les bases de notre manière d'aimer. Natacha, une de mes amies, en a pris conscience lors d'une séance particulièrement révélatrice avec son thérapeute.

« En observant ma mère qui appelait mon père dix fois par jour pour s'assurer qu'il allait bien, qui annulait ses projets dès qu'il était disponible, » me confia-t-elle d'une voix tremblante, « j'ai inconsciemment appris que l'amour signifiait mettre sa vie entre parenthèses pour l'autre. »

Ce qu'Natacha découvre ce jour-là, c'est que son histoire affective ne commence pas avec ses premières amours adolescentes, ni avec la première personne à qui elle a donné son cœur. Elle plonge bien plus profondément, dans les racines d'un passé où elle était simple spectatrice, mais où tout se gravait déjà en elle. En observant sa mère, elle avait absorbé, sans en être consciente, cette idée insidieuse : pour être aimée, il fallait s'effacer. Mettre les besoins de l'autre au premier plan, jusqu'à faire taire les siens.

Cette révélation bouleverse Natacha. Elle comprend enfin pourquoi elle a toujours cherché à plaire, à se rendre indispensable, à s'oublier pour ne jamais décevoir. Elle réalise que ce schéma n'est pas une fatalité, mais une construction, un héritage qu'elle peut désormais choisir de déconstruire. Mais ce n'est pas facile de renoncer à ce qu'on a appris dès l'enfance, à ces modèles ancrés si profondément qu'ils font partie de nous.

Pour Natacha, cette prise de conscience est le premier pas vers une réécriture de son histoire affective. En questionnant le modèle de ses parents, elle apprend à poser un regard bienveillant sur elle-même, à reconnaître ses propres besoins. Elle découvre qu'aimer ne signifie pas s'oublier, et que l'amour peut exister sans sacrifice permanent. Cette exploration n'efface pas le passé ; elle lui permet de le transformer, de donner à son histoire une nouvelle direction.

Dans les séances suivantes, Natacha s'essaie à des petits gestes d'affirmation de soi. Elle commence à exprimer ce qu'elle veut, à poser des limites, même si cela la remplit d'appréhension. Chaque fois qu'elle se sent tentée de tout mettre de côté pour plaire à quelqu'un, elle repense à l'image de sa mère et se demande : « Et moi, qu'est-ce que je veux vraiment ? »

Cet apprentissage est lent et fragile, car les racines de la dépendance affective ne se coupent pas d'un coup sec. Elles demandent à être démêlées, une à une, avec patience et bienveillance. Mais à chaque étape, Natacha se rapproche un peu plus de cette idée qu'elle avait jusqu'alors du mal à concevoir : l'amour véritable n'est pas un renoncement à soi, mais un chemin où deux êtres avancent côte à côte, chacun tenant compte de ses propres besoins et des désirs de l'autre.

Ainsi, en réapprenant à aimer autrement, Natacha ne rejette pas l'héritage de ses parents ; elle le redéfinit. Elle rend hommage à la dévotion de sa mère, tout en choisissant d'écrire une nouvelle histoire, où l'amour ne signifie plus disparaître, mais exister pleinement, avec et pour l'autre.

Exercice : L'Arbre Généalogique Émotionnel
Exercice : Explorer les Schémas Relationnels Familiaux

Cet exercice vous aide à comprendre les comportements relationnels qui se transmettent de génération en génération dans votre famille. Parfois, des schémas de comportement ou de relation se répètent sans que nous en soyons pleinement conscients. En observant de près les modèles relationnels de vos parents, grands-parents et autres membres de la famille, vous pouvez prendre conscience des schémas que vous avez peut-être intégrés et que vous reproduisez inconsciemment dans vos propres relations. Ce travail est une invitation à prendre du recul, à reconnaître les dynamiques héritées, et à choisir plus consciemment comment vous souhaitez vous comporter dans vos relations actuelles.

Étape 1 : Dessinez votre arbre généalogique sur trois générations

Sur une feuille de papier, dessinez votre arbre généalogique en incluant trois générations : vous-même, vos parents et vos grands-parents. Si vous le souhaitez, vous pouvez aussi inclure des oncles, tantes, et cousins si vous pensez que leurs comportements relationnels vous ont influencée.

Exemple d'arbre généalogique :
Vous

Vos parents : Mère / Père

Vos grands-parents : Grands-parents maternels et grands-parents paternels

Organisez l'arbre de manière à avoir un aperçu clair des différents membres de votre famille sur ces trois générations. L'objectif est d'avoir une vue d'ensemble sur les liens familiaux pour mieux observer les comportements et les dynamiques qui les traversent.

Étape 2 : Pour chaque personne, notez les comportements relationnels dominants

Sous le nom de chaque membre de la famille, notez les comportements relationnels qui, selon vous, le/la caractérisent le plus. Essayez de rester objectif et de vous concentrer sur des comportements observables, plutôt que sur des jugements.

Voici quelques exemples de comportements relationnels à observer :

Surprotection : Une tendance à s'impliquer de manière excessive dans la vie des autres, à vouloir les « protéger » ou à gérer leurs problèmes.

Contrôle : Un besoin de contrôler les situations ou les décisions des autres membres de la famille, souvent par peur de l'imprévu ou de la perte.

Dépendance émotionnelle : Une tendance à rechercher de manière intense l'approbation ou l'affection des autres, en sacrifiant parfois ses propres besoins.

Détachement émotionnel : Une attitude de retrait, un manque d'implication émotionnelle, ou une difficulté à exprimer ses sentiments.

Sacrifice : Une disposition à se négliger pour le bien-être des autres, souvent au détriment de ses propres besoins et désirs.

Passivité : Une tendance à éviter les conflits ou à ne pas exprimer ses besoins pour préserver l'harmonie.

Colère / Agressivité : Une tendance à réagir aux tensions ou aux frustrations par la colère, les reproches, ou l'agressivité.

Affection et soutien : Un comportement orienté vers le soutien et la bienveillance, une capacité à encourager les autres sans les étouffer.

Indépendance : Une capacité à maintenir une autonomie personnelle et émotionnelle, sans dépendance excessive aux autres.

Exemple :

Mère : Contrôle, dépendance émotionnelle

Père : Détachement émotionnel, passivité

Grand-mère maternelle : Sacrifice, surprotection

Grand-père maternel : Colère, contrôle

Grand-mère paternelle : Passivité, dépendance émotionnelle

Grand-père paternel : Détachement émotionnel, indépendance

Prenez le temps de noter pour chaque personne les comportements dominants que vous avez observés. Vous pouvez vous baser sur vos souvenirs, les récits familiaux, ou vos impressions générales.

Étape 3 : Identifiez les schémas qui se répètent

Maintenant que vous avez une vue d'ensemble des comportements relationnels de chaque personne, prenez un moment pour identifier les schémas qui semblent se répéter d'une génération à l'autre. Posez-vous les questions suivantes :

Quels comportements sont les plus fréquents dans ma famille ?

Par exemple, vous pourriez remarquer qu'il y a une tendance à la dépendance émotionnelle, où plusieurs membres de la famille semblent dépendre de l'approbation des autres pour se sentir valorisés.

Y a-t-il des comportements opposés qui se répondent ?

Parfois, dans une même famille, certains membres réagissent par l'opposé. Par exemple, un parent très contrôlant pourrait avoir un enfant qui devient très passif pour éviter les conflits.

Y a-t-il des dynamiques de couple ou parent-enfant qui se répètent ?

Par exemple, peut-être que dans les couples, un des partenaires est souvent passif et l'autre contrôle la relation, ou que les mères de chaque génération ont tendance à se sacrifier pour le bien-être de leur famille.

Exemple de schémas répétitifs :

Dans cette famille, il semble y avoir un schéma de **dépendance émotionnelle** chez les femmes de chaque génération, ainsi qu'un schéma de **contrôle** chez les hommes.

On remarque également un **détachement émotionnel** chez certains membres masculins, peut-être en réaction à la forte implication émotionnelle des femmes.

Étape 4 : Réfléchissez aux patterns que vous avez peut-être reproduits

En prenant conscience des schémas familiaux, vous pouvez vous demander quels comportements ou dynamiques vous avez peut-être reproduits, de manière consciente ou inconsciente, dans vos propres relations. Cette réflexion est essentielle pour comprendre comment l'histoire familiale peut influencer vos choix et vos réactions dans vos relations actuelles.

Questions de réflexion :

Quels comportements relationnels dominants de ma famille ai-je intégrés ? Par exemple, avez-vous tendance à dépendre des autres pour vous sentir valorisée ou cherchez-vous à contrôler certaines situations par peur de l'incertitude ?

Comment ces schémas influencent-ils mes relations aujourd'hui ? Par exemple, si vous avez grandi dans un environnement où le sacrifice était valorisé, peut-être avez-vous tendance à négliger vos propres besoins dans vos relations.

Quel impact ces schémas ont-ils sur mon bien-être et mes relations ? Certaines de ces dynamiques peuvent être épuisantes ou sources de frustration. Par exemple, si vous avez hérité d'une tendance à la passivité, cela peut vous empêcher d'exprimer vos besoins et vos limites.

Quels aspects de ces schémas suis-je prête à transformer ? Identifier les comportements que vous souhaitez changer est un premier pas vers des relations plus saines et plus conscientes.

Exemple de réflexion personnelle :

« En observant les schémas de ma famille, je réalise que j'ai tendance à chercher l'approbation des autres, tout comme ma mère et ma grand-mère. J'ai souvent peur de dire non ou de poser des limites par crainte de décevoir. En même temps, je vois que mon père et mon grand-père avaient une attitude de retrait émotionnel, et parfois, je reproduis cela en me fermant aux autres lorsque je me sens blessée. Ces comportements affectent mes relations aujourd'hui, car je n'arrive pas toujours à exprimer mes besoins de manière claire et affirmée. J'aimerais apprendre à poser des limites sans culpabiliser et à être plus authentique dans mes relations. »

À RETENIR : Prendre Conscience pour Transformer

Cet exercice vous permet de prendre du recul sur les comportements relationnels que vous avez peut-être hérités de votre famille. En identifiant les schémas qui se répètent et les dynamiques que vous avez reproduites, vous pouvez décider consciemment de transformer ces comportements. La prise de conscience est le premier pas vers des relations plus équilibrées et plus authentiques.

Exercice complémentaire :

Écrire une lettre à soi-même : Après avoir réfléchi aux schémas familiaux, vous pouvez écrire une lettre à vous-même pour vous engager à transformer certains comportements ou à poser des intentions pour vos futures relations. Cela peut être une manière de marquer votre volonté de changer et de vous libérer des schémas qui ne vous servent plus.

En vous détachant des modèles familiaux qui ne vous conviennent pas, vous pouvez créer des relations qui reflètent davantage qui vous êtes vraiment, et non ce que vous avez hérité.

Les Conditionnements Sociaux

Notre société véhicule encore de nombreux messages qui peuvent fragiliser l'autonomie émotionnelle des femmes. Depuis l'enfance, nous sommes exposées à des récits où l'amour est présenté comme une quête ultime, une réponse à tous les maux, un accomplissement sans lequel la vie serait incomplète. Des contes de fées aux films romantiques, des chansons d'amour aux publicités, nous sommes bombardées d'images idéalisant la fusion amoureuse et le sacrifice de soi. Ces histoires ne sont pas simplement des divertissements innocents ; elles plantent en nous des graines qui, avec le temps, peuvent façonner nos attentes et nos comportements affectifs.

Les princesses des contes de fées attendent d'être sauvées, rêvent d'un prince qui viendra leur donner un sens, les sortir de leur solitude ou de leurs ennuis. Dans la plupart des récits populaires, l'amour est synonyme de complétude, comme si chacun d'entre nous était une moitié incomplète, destinée à trouver son "autre moitié" pour être enfin entière. Cette vision de l'amour romantique, où la fusion avec l'autre est érigée en idéal, peut engendrer des attentes irréalistes et même toxiques, surtout pour les femmes, qui sont souvent encouragées à se dévouer, à se sacrifier, à "donner tout" pour l'amour.

Ce conditionnement s'infiltre dans les aspects les plus intimes de notre vie. On nous apprend que le « véritable amour » consiste à tout partager, à faire passer les besoins de l'autre avant les siens, à faire des compromis sans fin. Même les modèles féminins modernes, dans les médias ou la culture populaire, portent souvent cet héritage. Les héroïnes de comédies romantiques se transforment, abandonnent leurs rêves ou leurs projets pour être avec l'homme qu'elles aiment. Ce schéma se reproduit inlassablement, renforçant l'idée que l'amour demande un effacement de soi, une fusion où l'individualité disparaît.

Mais qu'advient-il de l'autonomie émotionnelle dans ce contexte ? Ces modèles culturels véhiculent une idée dangereuse : celle que l'amour est un besoin, une condition indispensable au bonheur et à la réalisation de soi. On nous pousse à croire que sans partenaire, sans relation amoureuse, il nous manque quelque chose, comme si la solitude était un état d'incomplétude. Cette pression sociale peut rendre difficile la construction d'une vie émotionnelle autonome et riche, où l'amour est un choix, non une nécessité.

Résister à ces conditionnements, c'est apprendre à repenser l'amour, à se réapproprier son propre chemin. Cela passe par la redéfinition de nos attentes, par la réaffirmation de notre droit à être complètes en nous-mêmes, à nous épanouir indépendamment de l'amour romantique. En développant une relation saine et bienveillante avec nous-mêmes, en apprenant à nous aimer pour ce que nous sommes, nous pouvons déconstruire l'idée que l'amour exige un sacrifice de soi. L'amour véritable ne devrait pas nous pousser à renoncer à notre individualité, mais au contraire, nous encourager à être pleinement nous-mêmes, dans toute notre richesse et notre complexité.

Cela ne signifie pas que le romantisme ou l'attachement sont mauvais en soi, mais qu'ils peuvent être vécus de manière équilibrée, sans effacement de soi. Aimer sans se perdre, c'est accepter que la relation soit un espace de partage où chaque partenaire conserve son intégrité et son autonomie. C'est aussi apprendre à dire non aux modèles qui nous enferment dans des rôles de dépendance, à questionner les idéaux de fusion et de dévouement aveugle que la culture nous impose.

En construisant des relations qui reposent sur le respect mutuel, l'écoute et la réciprocité, nous redonnons à l'amour sa juste place : celle d'une rencontre enrichissante, mais qui ne définit pas notre valeur. Ce processus de déconditionnement demande du temps et de la lucidité, mais il nous offre la possibilité d'aimer en toute liberté, en étant pleinement maîtresses de notre histoire émotionnelle.

Point de réflexion : Notez trois messages reçus dans votre enfance concernant "ce qu'une femme devrait être" en amour.

Les Mythes de l'Amour Romantique

Parmi les croyances les plus limitantes, on trouve :

« L'amour véritable dure toujours »

« Quand on aime, on doit tout partager »

« L'autre doit combler tous nos besoins »

Témoignage : Marie, 34 ans "J'ai longtemps cru que l'amour signifiait fusion totale. Je vérifiais constamment le téléphone de mon partenaire, je voulais tout savoir de ses journées. Un jour, il m'a dit : 'Tu m'étouffes'. Ce fut douloureux mais révélateur."

Chapitre 2
Les Manifestations de la Dépendance

Les Conditionnements Sociaux et l'Autonomie Émotionnelle des Femmes

Notre société véhicule encore de nombreux messages qui peuvent fragiliser l'autonomie émotionnelle des femmes. Depuis l'enfance, nous sommes exposées à des récits où l'amour est présenté comme une quête ultime, une réponse à tous les maux, un accomplissement sans lequel la vie serait incomplète. Des contes de fées aux films romantiques, des chansons d'amour aux publicités, nous sommes bombardées d'images idéalisant la fusion amoureuse et le sacrifice de soi. Ces histoires ne sont pas simplement des divertissements innocents ; elles plantent en nous des graines qui, avec le temps, peuvent façonner nos attentes et nos comportements affectifs.

L'Influence des Contes de Fées : Le Modèle de la Princesse à Sauver

Dès l'enfance, les contes de fées installent dans notre esprit des images puissantes et récurrentes : celle de la princesse en détresse et du prince sauveur. Dans ces histoires, les héroïnes attendent d'être libérées d'un danger, d'une malédiction ou d'une situation d'enfermement par un homme courageux et généreux, souvent un prince ou un chevalier. La princesse, elle, est passive ; son salut dépend de l'arrivée d'un sauveur extérieur. Elle n'est pas appelée à agir par elle-même, mais à patienter, à espérer, à rêver d'une transformation qui viendrait de l'extérieur.

Ces histoires laissent une empreinte profonde dans l'inconscient collectif. Elles suggèrent que l'amour doit venir comme une délivrance, un remède à une existence incomplète. La princesse, privée de sa liberté de mouvement, est réduite à son besoin d'amour. Elle est destinée à être complétée par une autre personne, plutôt qu'à être entière par elle-même. Ce modèle, répété de génération en génération, imprime dans les esprits que l'amour est une sorte de « sauvetage », une promesse de bonheur qui vient combler un manque, une attente, un vide.

L'Amour comme Fusion et Complétude : Une Idée Déroutante et Dangereuse

Dans la plupart des récits populaires, que ce soit au cinéma, dans la littérature ou dans la musique, l'amour est synonyme de complétude, comme si chacun d'entre nous était une moitié incomplète, destinée à trouver son "autre moitié" pour être enfin entière. Cette vision de l'amour romantique, où la fusion avec l'autre est érigée en idéal, peut engendrer des attentes irréalistes et même toxiques, surtout pour les femmes, qui sont souvent encouragées à se dévouer, à se sacrifier, à « donner tout » pour l'amour.

Cette idée de « complétude » par l'autre installe une dépendance émotionnelle, une quête incessante pour combler un sentiment de vide. Elle crée une pression constante pour trouver la « bonne personne », celle qui viendrait résoudre tous les problèmes, apaiser toutes les peurs, réparer toutes les blessures. Cette attente, pourtant irréalisable, pèse lourdement sur les épaules de nombreuses femmes, qui intègrent cette idée que, sans amour romantique, elles ne peuvent être pleinement accomplies. Cette croyance peut engendrer de la frustration, des relations déséquilibrées, et un effacement de soi au profit de l'autre, tout cela au nom d'un idéal culturel.

Les Modèles de Sacrifice et de Dévotion dans la Culture Populaire

Ce conditionnement s'infiltre dans les aspects les plus intimes de notre vie. On nous apprend que le "véritable amour" consiste à tout partager, à faire passer les besoins de l'autre avant les siens, à faire des compromis sans fin. Même les modèles féminins modernes, dans les médias ou la culture populaire, portent souvent cet héritage. Les héroïnes de comédies romantiques se transforment, abandonnent leurs rêves ou leurs projets pour être avec l'homme qu'elles aiment. Dans ces films, l'amour est souvent présenté comme un choix entre l'épanouissement personnel et la relation. Ce schéma se reproduit inlassablement, renforçant l'idée que l'amour demande un effacement de soi, une fusion où l'individualité disparaît.

On retrouve ces modèles dans des expressions courantes comme « trouver son âme sœur » ou « être tout l'un pour l'autre ». La langue elle-même trahit cette vision fusionnelle de l'amour, où l'individu devient presque inexistant face à la relation. Ces idées, si séduisantes et idéalisées, laissent peu de place à l'autonomie et à l'affirmation de soi. Elles entretiennent l'idée qu'aimer véritablement implique de se sacrifier, de renoncer à une part de sa liberté, de se fondre dans une unité illusoire où les besoins de l'autre priment toujours sur les siens.

La Solitude Perçue Comme Un Échec : L'Amour Romantique Érigé en Norme

Mais qu'advient-il de l'autonomie émotionnelle dans ce contexte ? Ces modèles culturels véhiculent une idée dangereuse : celle que l'amour est un besoin, une condition indispensable au bonheur et à la réalisation de soi. On nous pousse à croire que sans partenaire, sans relation amoureuse, il nous manque quelque chose, comme si la solitude était un état d'incomplétude. Cette pression sociale est particulièrement forte pour les femmes, qui sont souvent jugées ou même stigmatisées si elles ne sont pas « en couple ». La société envoie le message qu'une femme seule est une femme inachevée, ou pire, une femme qui n'a pas réussi à « trouver l'amour ».

Cette croyance rend difficile la construction d'une vie émotionnelle autonome et riche, où l'amour est un choix, non une nécessité. Elle installe l'idée qu'une existence sans amour romantique est une vie de seconde zone, un compromis insatisfaisant. Pourtant, apprendre à vivre avec soi-même, à se suffire, est une démarche essentielle pour développer une véritable autonomie émotionnelle. C'est en s'acceptant pleinement, en apprenant à trouver la richesse en soi, que l'on peut accéder à un amour libre, non basé sur le besoin, mais sur le désir et le partage.

Déconstruire les Conditionnements et Redéfinir l'Amour

Résister à ces conditionnements, c'est apprendre à repenser l'amour, à se réapproprier son propre chemin. Cela passe par la redéfinition de nos attentes, par la réaffirmation de notre droit à être complètes en nous-mêmes, à nous épanouir indépendamment de l'amour romantique. En développant une relation saine et bienveillante avec nous-mêmes, en apprenant à nous aimer pour ce que nous sommes, nous pouvons déconstruire l'idée que l'amour exige un sacrifice de soi. L'amour véritable ne devrait pas nous pousser à renoncer à notre individualité, mais au contraire, nous encourager à être pleinement nous-mêmes, dans toute notre richesse et notre complexité.

Cela ne signifie pas que le romantisme ou l'attachement sont mauvais en soi, mais qu'ils peuvent être vécus de manière équilibrée, sans effacement de soi. Aimer sans se perdre, c'est accepter que la relation soit un espace de partage où chaque partenaire conserve son intégrité et son autonomie. C'est aussi apprendre à dire non aux modèles qui nous enferment dans des rôles de dépendance, à questionner les idéaux de fusion et de dévouement aveugle que la culture nous impose.

Vers une Nouvelle Vision de l'Amour : Respect, Liberté et Complétude

En construisant des relations qui reposent sur le respect mutuel, l'écoute et la réciprocité, nous redonnons à l'amour sa juste place : celle d'une rencontre enrichissante, mais qui ne définit pas notre valeur. Ce processus de déconditionnement demande du temps et de la lucidité, mais il nous offre la possibilité d'aimer en toute liberté, en étant pleinement maîtresses de notre histoire émotionnelle. Aimer devient alors un choix, une ouverture à l'autre sans renoncer à soi-même, un engagement où l'autonomie et la proximité coexistent harmonieusement.

Cette vision renouvelée de l'amour invite à s'émanciper des modèles qui fragilisent l'autonomie des femmes en les enfermant dans des rôles de dépendance. Elle propose une relation où chaque partenaire peut être complet et entier, où l'amour est un espace de liberté partagée plutôt qu'une fusion qui étouffe l'individualité. En cultivant cette forme d'amour, nous ouvrons la voie à des relations plus saines, plus épanouissantes, où l'union devient un enrichissement mutuel, et non un sacrifice ou un renoncement.

Exercice : Le Journal des Situations

Pendant une semaine :

Cet exercice est conçu pour vous aider à prendre conscience de vos réactions émotionnelles automatiques et des déclencheurs qui les provoquent. En observant ces moments de "perte de contrôle émotionnel", vous pourrez commencer à identifier des schémas récurrents, des sources de stress ou d'inconfort, et à comprendre comment certaines situations affectent votre bien-être émotionnel. L'objectif est de mieux comprendre vos réponses instinctives afin de gagner en maîtrise de soi et en autonomie émotionnelle.

Pendant une semaine, prenez quelques minutes chaque jour pour remplir votre journal des situations. Voici les éléments à observer :

1. Les moments où vous vous sentez en perte de contrôle émotionnel

Notez les situations où vous avez senti que vos émotions prenaient le dessus. Cela peut être dans des moments de colère, de tristesse, d'anxiété, de frustration ou même de joie débordante.

Essayez d'être le plus précis possible. Par exemple : « Je me suis sentie dépassée par mes émotions lorsque mon collègue m'a fait une remarque critique en réunion » ou « J'ai ressenti une forte angoisse en lisant un message inattendu.

2. Ce qui a déclenché cette situation

Identifiez ce qui a déclenché votre réaction émotionnelle. Cherchez à comprendre le contexte ou l'événement précis qui a mené à cette perte de contrôle.

Par exemple : « Le déclencheur a été la remarque de mon collègue, que j'ai perçue comme une critique de mon travail » ou « Le message que j'ai reçu de mon partenaire m'a surpris et m'a rappelé une ancienne dispute. »

3. Vos réactions automatiques

Notez vos réactions immédiates, avant même que vous ayez eu le temps de réfléchir. Il peut s'agir de pensées automatiques, d'actions impulsives ou de comportements physiques.

Par exemple : "J'ai serré les poings et j'ai eu envie de répondre avec colère" ou "Je me suis tout de suite repliée sur moi-même et j'ai commencé à envisager de tout abandonner."

Soyez attentifve aux réactions corporelles : accélération du rythme cardiaque, tension dans le corps, voix qui tremble, etc.

4. Les émotions ressenties

Identifiez et nommez précisément les émotions que vous avez ressenties. Évitez de rester général, et cherchez à affiner votre vocabulaire émotionnel. Par exemple, plutôt que de noter simplement « colère », demandez-vous si c'était de la frustration, de l'agacement, de l'humiliation ou de la rage.

Essayez de distinguer les émotions principales (celles que vous ressentez en premier) des émotions secondaires (celles qui viennent en réponse à la situation ou à votre réaction initiale). Par exemple, "J'ai d'abord ressenti de la frustration, puis de la tristesse en réalisant que je me sentais incomprise."

Exemple de Journal des Situations
Jour 1 :

Moment de perte de contrôle émotionnel : En rentrant chez moi, j'ai réalisé que mon partenaire avait encore oublié de faire les courses, comme il l'avait promis.

Déclencheur : La promesse non tenue et le sentiment que je dois toujours m'occuper des tâches ménagères.

Réaction automatique : Mon cœur s'est mis à battre plus vite, et j'ai immédiatement ressenti une colère intense. J'ai eu envie de lui reprocher son manque de considération et de me plaindre bruyamment.

Émotions ressenties : Colère, frustration, un sentiment de ne pas être respectée. Après quelques minutes, cette colère s'est transformée en tristesse et en une impression de solitude.

Jour 2 :

Moment de perte de contrôle émotionnel : Lors d'une réunion, mon supérieur a critiqué un projet sur lequel j'avais travaillé pendant des semaines.

Déclencheur : La critique de mon supérieur, que j'ai perçue comme une remise en question de mes compétences.

Réaction automatique : J'ai ressenti une boule dans la gorge, et j'ai évité de croiser le regard des autres. Une pensée automatique est apparue : "Je ne suis pas assez compétente pour ce poste."

Émotions ressenties : Honte, anxiété, doute de soi, et une tristesse profonde qui a persisté tout au long de la journée.

Jour 3 :

Moment de perte de contrôle émotionnel : J'ai vu un post sur les réseaux sociaux d'une amie qui a annoncé une promotion au travail.

Déclencheur : La comparaison avec mon propre parcours, et le sentiment de ne pas avancer aussi vite que les autres.

Réaction automatique : J'ai commencé à faire défiler d'autres publications avec une humeur morose, et j'ai ressenti un besoin de justification intérieure (me dire que « je suis bien là où je suis »).

Émotions ressenties : Jalousie, frustration, sentiment d'infériorité. Ensuite, de la culpabilité pour avoir ressenti de la jalousie envers mon amie.

Bilan de la semaine

À la fin de la semaine, prenez un moment pour relire vos notes. Posez-vous les questions suivantes :

Y a-t-il des déclencheurs récurrents qui reviennent dans plusieurs situations ?

Avez-vous identifié des schémas dans vos réactions automatiques (comme se replier, se mettre en colère, se dévaloriser) ?

Certaines émotions reviennent-elles souvent ? Peut-être ressentez-vous souvent de la frustration, de la honte, de la peur, ou de la solitude ?

Que pouvez-vous apprendre sur vos besoins en observant ces émotions ? Par exemple, un besoin de reconnaissance, de respect, de stabilité, de soutien ?

Cet exercice de journalisation vous permet de prendre du recul sur vos expériences émotionnelles et de mieux comprendre les causes profondes de certaines de vos réactions. En devenant plus consciente de vos schémas émotionnels, vous pouvez progressivement développer des réponses plus conscientes et plus adaptées aux situations, plutôt que de réagir de manière automatique.

L'objectif n'est pas de supprimer vos émotions, mais d'apprendre à les reconnaître, à les accepter, et à trouver des manières de les exprimer ou de les gérer qui soient saines et constructives.

À RETENIR :

Les moments où vous vous sentez en perte de contrôle émotionnel

Ce qui a déclenché cette situation

Vos réactions automatiques

Les émotions ressenties

Le Cycle de la Dépendance

La dépendance affective suit souvent un schéma cyclique :

1. Peur de l'abandon

La dépendance affective trouve souvent sa racine dans une profonde peur de l'abandon. Cette peur peut venir de blessures émotionnelles passées, de traumatismes liés au rejet, ou d'une faible estime de soi qui fait croire à la personne qu'elle ne vaut rien sans l'amour de l'autre. Dans cette étape, la peur d'être quittée ou rejetée devient omniprésente. Chaque absence, chaque silence, chaque changement dans le comportement du partenaire peut être perçu comme un signe alarmant que la relation est en danger.

La peur de l'abandon se manifeste par des pensées anxieuses, des scénarios catastrophiques, et un besoin intense d'être rassurée constamment. Ce besoin de réassurance peut devenir si pressant qu'il commence à envahir la relation, créant une pression qui va finalement déclencher l'étape suivante.

2. Comportements de contrôle

En réponse à cette peur d'abandon, la personne dépendante développe des comportements de contrôle pour tenter de garder le partenaire près d'elle. Ces comportements peuvent varier, allant de la surveillance subtile (poser beaucoup de questions, demander des comptes sur les allées et venues) à des actes plus intrusifs (fouiller dans le téléphone de l'autre, limiter ses interactions avec d'autres personnes, exiger de passer tout le temps ensemble).

À ce stade, le besoin de contrôle peut être maladroitement justifié comme une preuve d'amour : "Je fais cela parce que je tiens à toi." Cependant, sous cette façade, il y a souvent un profond besoin de sécurité et un désir de ne jamais être surprise par un rejet ou un abandon. Ces comportements de contrôle, bien qu'ils puissent sembler offrir un répit temporaire contre la peur, finissent par instaurer une dynamique de tension dans la relation.

3. Tension dans la relation

Les comportements de contrôle finissent par créer de la tension au sein du couple. Le partenaire se sent souvent étouffée surveillée, ou envahie, ce qui peut mener à des disputes, de la distance, voire de la colère. À ce stade, la personne dépendante ressent souvent une combinaison de frustration et de panique, car malgré tous ses efforts pour contrôler la situation, elle se rend compte que la relation semble se détériorer.

La tension peut se traduire par des reproches, des malentendus, des conflits répétés. La personne dépendante est prise dans un dilemme : plus elle sent la relation s'effriter, plus elle essaie de s'accrocher et de contrôler, alimentant ainsi un cercle vicieux où chaque tentative de « sauver » la relation contribue en réalité à l'éroder un peu plus. Ce qui devait être un lien de réassurance devient un champ de bataille émotionnel.

4. Culpabilité et promesses de changement

Après une dispute ou un moment de crise, la personne dépendante ressent souvent une intense culpabilité. Elle se rend compte que ses comportements de contrôle ont contribué à la tension dans la relation, et elle craint que cela ne pousse l'autre à s'éloigner encore plus. Cette culpabilité la mène souvent à faire des promesses de changement : elle assure qu'elle ne se comportera plus de cette manière, qu'elle apprendra à faire confiance, qu'elle laissera plus d'espace.

Ces promesses peuvent être sincères, mais elles sont souvent faites sous l'emprise de la peur et de l'angoisse de perdre l'autre. Elles apportent un apaisement temporaire et peuvent même donner une lueur d'espoir, car la personne dépendante s'engage dans une démarche de réparation. Cependant, sans un travail profond sur l'origine de la dépendance affective, ces promesses sont difficiles à tenir sur le long terme.

5. Retour à l'étape 1

Après un temps de calme, où la personne dépendante essaie de tenir ses promesses, la peur de l'abandon refait surface. Elle est souvent déclenchée par un nouvel événement insignifiant (un message sans réponse, un rendez-vous manqué, une remarque perçue comme froide). Cette peur revient car elle n'a pas été traitée en profondeur ; elle n'a été que temporairement apaisée. Ainsi, le cycle recommence : la peur de l'abandon pousse à des comportements de contrôle, qui mènent à des tensions, suivies de culpabilité et de nouvelles promesses de changement.

Ce retour au point de départ peut être décourageant, car il renforce la sensation d'impuissance et de dépendance. La personne dépendante peut en venir à se convaincre que cette façon d'aimer est « normale » ou inévitable, et qu'elle ne pourra jamais être en paix dans une relation.

Comment Rompre ce Cycle ?

Briser le cycle de la dépendance affective demande un travail d'introspection et de transformation personnelle. Voici quelques pistes pour commencer à s'en libérer :

Prendre conscience du schéma : La première étape consiste à reconnaître ce cycle. En prenant conscience de chaque étape, on peut commencer à identifier les déclencheurs et les comportements qui nourrissent la dépendance affective.

Apprendre à tolérer la solitude : La peur de l'abandon est souvent liée à une difficulté à se sentir complètement seule. En développant une relation saine avec soi-même, en apprenant à apprécier sa propre compagnie et en cultivant ses propres centres d'intérêt, on peut diminuer la dépendance envers l'autre.

Travailler sur l'estime de soi : Beaucoup de comportements de dépendance sont liés à un manque de confiance en soi. Renforcer son estime de soi permet de réduire le besoin de validation extérieure et de mieux accepter les hauts et les bas naturels d'une relation sans ressentir constamment l'angoisse du rejet.

Pratiquer la communication bienveillante : Plutôt que de recourir à des comportements de contrôle, il est important d'apprendre à exprimer ses émotions et ses besoins de manière claire et non accusatrice. La communication ouverte et respectueuse peut désamorcer beaucoup de tensions.

Se faire accompagner : La dépendance affective est souvent enracinée dans des blessures profondes, liées à l'enfance ou à des relations passées. Travailler avec une thérapeute peut aider à explorer et à guérir ces blessures, à développer des stratégies pour faire face à la peur de l'abandon, et à construire des relations plus saines.

À MÉDITER

La dépendance affective est un cycle douloureux et épuisant, mais il est possible d'en sortir avec de la patience et de la persévérance. Comprendre ce schéma, et reconnaître que chaque étape alimente la suivante, est déjà un pas vers la libération. En apprenant à se sécuriser soi-même, à valoriser son individualité et à communiquer ses besoins de manière saine, il devient possible de vivre des relations plus équilibrées, fondées sur la confiance et le respect mutuel, et non sur la peur et le contrôle.

À RETENIR :

Peur de l'abandon

Comportements de contrôle

Tension dans la relation

Culpabilité et promesses de changement

Retour à l'étape 1

Auto-évaluation : Où en êtes-vous ?

Sur une échelle de 1 à 5, évaluez :

Votre besoin de validation externe

Votre capacité à être seule

Votre tendance à sacrifier vos besoins

Votre niveau d'anxiété en l'absence de l'autre

Auto-évaluation : Où en êtes-vous ?

Cet exercice d'auto-évaluation est conçu pour vous aider à faire le point sur votre degré d'autonomie émotionnelle et à identifier les domaines où vous pouvez chercher à progresser. Évaluez chaque aspect de votre relation avec vous-même et avec l'autre sur une échelle de 1 à 5, en fonction des descriptions ci-dessous. Prenez un moment pour réfléchir honnêtement à chaque point.

Barème d'évaluation :

1 = Très faible : Cet aspect ne pose pas de problème pour moi ; je me sens à l'aise dans ce domaine.

2 = Faible : J'ai parfois des difficultés, mais cela ne me gêne pas au quotidien.

3 = Modéré : Cet aspect est une source de difficultés occasionnelles, mais gérables.

4 = Fort : Cet aspect m'affecte souvent, et j'aimerais l'améliorer.

5 = Très fort : Cet aspect a un impact significatif sur ma vie et mes relations ; il me crée un sentiment de mal-être régulier.

1. Votre besoin de validation externe

1 = Très faible : Vous avez confiance en vous-même et en vos choix, et vous n'avez pas besoin d'approbation extérieure pour vous sentir bien. La validation des autres est un bonus, pas une nécessité.

2 = Faible : Vous appréciez la validation des autres, mais cela ne détermine pas votre estime de soi. Vous êtes capable de vous sentir bien sans chercher constamment l'approbation extérieure.

3 = Modéré : Vous vous sentez parfois en insécurité et cherchez un peu de validation des autres, mais vous arrivez à garder une certaine indépendance émotionnelle.

4 = Fort : Vous ressentez souvent le besoin d'être rassurée par les autres pour vous sentir en confiance. Vous avez tendance à douter de vous sans approbation extérieure.

5 = Très fort : Votre bien-être et votre estime de vous-même dépendent beaucoup du regard et de l'approbation des autres. Vous ressentez un profond inconfort quand vous n'obtenez pas de validation.

2. Votre capacité à être seule

1 = Très forte : Vous appréciez votre propre compagnie et vous vous sentez parfaitement à l'aise en étant seule. Vous trouvez un équilibre entre solitude et vie sociale.

2 = Forte : Vous vous sentez bien seule la plupart du temps, même si vous aimez aussi être avec les autres. La solitude ne vous dérange pas.

3 = Modérée : Vous pouvez rester seule mais ressentez parfois un manque ou une certaine angoisse si cela dure trop longtemps.

4 = Faible : Vous avez souvent besoin d'être entourée pour vous sentir bien, et la solitude vous pèse. Vous ressentez de l'inconfort quand vous êtes seule.

5 = Très faible : Vous avez beaucoup de mal à être seule et cherchez constamment à remplir votre vie sociale pour éviter le sentiment de solitude. Vous vous sentez souvent vide ou angoissée quand vous êtes seule.

3. Votre tendance à sacrifier vos besoins

1 = Très faible : Vous êtes capable de mettre vos besoins en avant et d'affirmer vos limites sans culpabilité. Vous savez que votre bien-être est important.

2 = Faible : Vous faites parfois des compromis, mais sans sacrifier vos propres besoins essentiels. Vous êtes attentif(ve) à l'équilibre entre donner et recevoir.

3 = Modérée : Vous faites régulièrement des compromis qui ne vous satisfont pas entièrement, mais sans que cela devienne une habitude systématique.

4 = Forte : Vous avez tendance à mettre les besoins des autres avant les vôtres, même si cela vous cause de l'inconfort ou de la frustration. Vous avez du mal à affirmer vos besoins.

5 = Très forte : Vous sacrifiez systématiquement vos propres besoins pour les autres, au point de ressentir de l'épuisement ou un sentiment de vide. Vous vous oubliez souvent pour éviter les conflits ou maintenir la relation.

4. Votre niveau d'anxiété en l'absence de l'autre

1 = Très faible : Vous vous sentez en sécurité et en paix même quand vous n'êtes pas avec l'autre. Vous avez une confiance solide dans la relation et n'éprouvez pas d'anxiété à l'idée de l'absence.

2 = Faible : Vous pouvez ressentir un léger manque, mais cela ne se transforme pas en anxiété. Vous avez confiance dans la relation et savez que l'absence est temporaire.

3 = Modéré : Vous ressentez parfois de l'inquiétude ou un léger malaise en l'absence de l'autre, mais cela ne prend pas des proportions envahissantes.

4 = Fort : Vous ressentez fréquemment de l'anxiété en l'absence de l'autre, et vous avez tendance à vous inquiéter de l'état de la relation. Cette anxiété peut affecter votre humeur.

5 = Très fort : Vous êtes souvent submergée par l'anxiété et la peur d'être abandonnée quand l'autre est absente. Cela provoque une détresse émotionnelle intense et des pensées récurrentes de perte.

Interprétation des résultats

Une fois que vous avez noté vos scores, prenez un moment pour réfléchir à ces questions :

Quels sont les domaines dans lesquels vous vous sentez le plus forte ? Essayez de célébrer ces forces et de reconnaître les efforts que vous avez probablement déjà faits pour développer votre autonomie émotionnelle dans ces domaines.

Quels sont les domaines où vous ressentez le plus de difficulté ? Notez si certains scores sont particulièrement élevés (4 ou 5). Ces scores peuvent indiquer des aspects de votre vie émotionnelle où un travail sur soi pourrait être bénéfique.

Y a-t-il des liens entre les scores ? Par exemple, un besoin élevé de validation externe peut souvent être lié à une tendance à sacrifier ses propres besoins. Ou une forte anxiété en l'absence de l'autre peut être associée à une difficulté à être seule. En identifiant ces liens, vous pouvez mieux comprendre les schémas de dépendance affective ou d'insécurité.

Plan d'action

Sur la base de votre évaluation, voici quelques pistes d'action que vous pouvez envisager :

Renforcer votre confiance en vous (si vous avez un score élevé dans le besoin de validation externe) : Essayez de développer une pratique d'autovalidation, où vous reconnaissez vos propres réussites et qualités sans chercher l'approbation extérieure. Des affirmations positives, un journal de gratitude centré sur vos réussites personnelles, ou des activités qui vous font sentir compétente peuvent vous aider.

Travailler sur votre capacité à être seule (si vous avez un score faible dans la capacité à être seule) : Prévoyez des moments de solitude intentionnelle où vous faites des activités qui vous plaisent, que ce soit lire, cuisiner, ou explorer un nouveau passe-temps. Apprendre à apprécier votre propre compagnie peut être un pas vers une plus grande autonomie émotionnelle.

Pratiquer l'affirmation de soi (si vous avez une forte tendance à sacrifier vos besoins) : Essayez de faire attention à vos propres besoins et à les exprimer clairement dans vos relations. Pratiquez des phrases comme "J'ai besoin de..." ou "Je préférerais..." pour commencer à affirmer vos limites de manière douce mais ferme.

Apaiser votre anxiété en l'absence de l'autre (si votre niveau d'anxiété est élevé en l'absence de l'autre) : Travaillez sur des techniques d'ancrage et de gestion du stress, comme la respiration profonde ou la méditation. Essayez aussi de renforcer la confiance dans la relation en communiquant vos peurs de manière honnête et bienveillante avec votre partenaire, et en rappelant régulièrement les preuves de stabilité dans la relation.

À RETENIR

Cet exercice d'auto-évaluation est un point de départ pour mieux comprendre vos besoins émotionnels et les schémas qui peuvent affecter vos relations. En travaillant sur ces domaines, vous pouvez progressivement renforcer votre autonomie émotionnelle, apprendre à vous sentir complete en vous-même et développer des relations plus saines et équilibrées. L'autonomie émotionnelle ne signifie pas se couper des autres, mais être capable de les aimer et de les apprécier sans se perdre.

Chapitre 3
Les Peurs qui Nous Enchaînent

La Peur de l'Abandon : Comprendre ses Origines

La peur de l'abandon est une des peurs les plus profondes et les plus universelles, souvent enracinée dans les premières années de notre vie. Elle naît d'expériences où nous avons pu ressentir un manque de sécurité, d'attention ou d'amour. Ce besoin fondamental de se sentir aimée et en sécurité peut être intensément réactivé à l'âge adulte par des expériences telles que :

> **Des ruptures douloureuses** : Les séparations, qu'elles soient amoureuses, amicales ou familiales, peuvent raviver la peur de ne pas être « digne d'être aimée » et d'être laissée pour compte.

> **Des traumatismes relationnels** : Des expériences de trahison, de rejet ou d'abandon émotionnel peuvent laisser des cicatrices profondes et accentuer la peur d'être à nouveau blessée.

> **Des pertes significatives** : La perte d'un être cher, que ce soit par la mort, la distance, ou la fin d'une relation, peut réactiver cette insécurité primitive, nous ramenant à un sentiment de solitude existentielle.

Ces expériences de vie renforcent l'idée que l'attachement est risqué et peuvent créer une angoisse de l'abandon qui persiste, influençant nos comportements et nos attentes dans les relations futures. Une des façons d'apaiser cette peur est de reconnecter avec notre « enfant intérieur » — cette partie de nous-même qui a ressenti cette peur pour la première fois et qui a peut-être besoin d'entendre un message rassurant.

Exercice de Visualisation : La Petite Fille Intérieure

Cet exercice de visualisation a pour but de renouer avec votre enfant intérieur, de reconnaître ses blessures et de lui offrir la réassurance et la compassion dont il a besoin. Il vous permet d'apaiser cette peur de l'abandon en reprogrammant vos émotions à partir d'un endroit de sécurité intérieure.

Fermez les yeux et respirez profondément

Installez-vous dans un endroit calme, où vous vous sentez en sécurité. Asseyez-vous confortablement, fermez les yeux, et commencez à respirer profondément. Prenez quelques inspirations lentes et régulières, en vous concentrant sur l'air qui entre et sort de votre corps. À chaque expiration, relâchez les tensions dans vos épaules, votre mâchoire et vos mains. Continuez à respirer profondément jusqu'à ce que vous vous sentiez détendue.

Visualisez-vous enfant

Imaginez maintenant un endroit où vous vous sentiez en sécurité et à l'aise lorsque vous étiez enfant. Cela pourrait être votre chambre, un jardin, un endroit spécial où vous aimiez jouer. Visualisez-vous à l'âge où vous étiez particulièrement vulnérable ou où vous aviez besoin de réassurance. Imaginez cette petite fille (ou petit garçon) qui est encore en vous, avec ses peurs, ses doutes, mais aussi ses espoirs et son besoin d'amour.

Essayez de voir à quoi elle ressemble, comment elle est habillée, et comment elle se tient. Peut-être est-elle assise, seule, un peu triste, ou peut-être joue-t-elle, inconsciente de votre présence. Approchez-vous d'elle doucement et regardez-la avec bienveillance, comme vous le feriez avec un enfant que vous voulez rassurer.

Quel message cette petite fille a-t-elle besoin d'entendre ?

Prenez un moment pour observer cette enfant intérieure. Ressentez ce qu'elle peut ressentir. Quels sont ses peurs, ses besoins, ses blessures ? Demandez-vous ce qu'elle a besoin d'entendre. Peut-être a-t-elle besoin de savoir qu'elle est aimée, qu'elle est suffisante, qu'elle n'est pas seule. Peut-être a-t-elle besoin de réassurance, de soutien ou de douceur.

Ce besoin pourrait être une phrase simple, quelque chose comme :

« Tu n'es pas seule, je suis là pour toi. »

« Tu es aimée et tu es importante, exactement comme tu es. »

« Ce n'est pas ta faute, tu mérites d'être aimée. »

« Tu as le droit de te sentir en sécurité. »

Prenez le temps de bien ressentir ce que cette petite fille a besoin d'entendre. Soyez attentive à ses émotions et à son état d'esprit.

Que pouvez-vous lui dire aujourd'hui ?

Maintenant, imaginez-vous en train de lui parler. Vous êtes une adulte aujourd'hui, avec des expériences, une capacité de recul et des ressources intérieures. Vous pouvez maintenant lui offrir des paroles de réconfort, de soutien et d'amour. Adressez-vous à elle avec bienveillance et empathie, en lui disant ce dont elle a besoin pour se sentir en sécurité. Par exemple :

« Je sais que tu as peur, mais je suis ici pour te protéger. Je ne te laisserai pas tomber. »

« Tu es assez, tu as de la valeur, et tu mérites l'amour, exactement comme tu es. »

« Je vais prendre soin de toi maintenant. Tu n'as plus besoin de te battre seule. »

« Peu importe ce qui arrive, tu peux compter sur moi. Je serai toujours là pour toi. »

Visualisez-vous en train de la prendre dans vos bras, de lui offrir la sécurité et la tendresse qu'elle mérite. Imaginez que vous la réconfortez, que vous la rassurez, et que vous l'entourez de chaleur et de compréhension. Si elle pleure, laissez-la exprimer sa tristesse. Si elle vous sourit, sentez ce lien qui se crée entre vous.

Intégrez cette expérience

Lorsque vous vous sentez prête, dites à cette petite fille intérieure qu'elle peut se sentir en paix, que vous êtes là pour elle et que vous la protègerez. Intégrez ce sentiment de sécurité, de douceur et de réconfort en respirant profondément. Sentez que vous emportez avec vous ce sentiment de protection et de bienveillance.

Avant de terminer, prenez quelques instants pour remercier cette enfant intérieure d'avoir été présente avec vous, et de vous avoir permis de reconnecter avec elle. Revenez doucement au moment présent, ouvrez les yeux, et prenez quelques minutes pour noter ce que vous avez ressenti durant cet exercice.

À RETENIR

Cet exercice de visualisation est un moyen puissant de travailler sur la peur de l'abandon en donnant à votre enfant intérieur l'amour et la sécurité qu'il n'a peut-être pas reçus dans le passé. Plus vous répéterez cet exercice, plus vous pourrez apaiser progressivement cette partie de vous qui se sent vulnérable, non aimée, ou seule.

Lorsque nous apprenons à nous apporter nous-mêmes ce dont nous avons besoin, la dépendance affective diminue, et la peur de l'abandon perd de son intensité. Avec le temps, cet exercice peut renforcer votre sentiment d'autonomie émotionnelle, car vous réalisez que vous avez en vous les ressources pour vous réconforter et vous aimer, même dans les moments difficiles. Vous devenez ainsi votre propre source de soutien et de stabilité, ce qui vous permet de construire des relations plus équilibrées et plus saines.

L'Angoisse de la Solitude

Ce passage aborde la solitude de manière positive et introspective, en soulignant qu'elle peut être une source de force et non un vide à combler. La distinction entre la solitude et l'isolement est importante : alors que l'isolement peut être synonyme de souffrance et de coupure du monde, la solitude, elle, est une possibilité de rencontre avec soi-même, un espace d'écoute et de ressourcement.

Le témoignage de Sophie est particulièrement touchant, car il évoque un cheminement personnel : elle part d'une peur du silence et de la solitude, puis découvre la richesse qu'il peut offrir. Voici un développement qui approfondit cette idée et explore ce que signifie « apprivoiser la solitude ».

La Solitude : Un Espace de Rencontre avec Soi-même

La solitude n'est pas l'isolement. C'est un espace de rencontre avec soi-même qui peut devenir une source de force. Dans une société où tout nous pousse à l'interaction et au divertissement, la solitude est souvent perçue comme un état négatif, quelque chose à éviter ou à combler au plus vite. Pourtant, être seule ne signifie pas être vide ou abandonnée ; au contraire, c'est un moment privilégié pour se reconnecter avec soi-même, pour écouter ses pensées, ses émotions, et pour explorer des aspects de sa personnalité qui, autrement, passeraient inaperçus dans le brouhaha de la vie quotidienne.

Témoignage : Sophie, 41 ans

« Au début, le silence de mon appartement me terrifiait. Quand je me retrouvais seule, j'avais l'impression de faire face à un vide insupportable. J'allumais toujours la télé, même si je ne la regardais pas vraiment, ou j'appelais des amis en continu pour combler ce silence qui me semblait assourdissant. La solitude me paraissait hostile, presque menaçante, comme si elle révélait un manque ou un échec de ma part. Mais à un moment, j'ai décidé d'affronter cette peur. J'ai commencé à apprivoiser ces moments seule, petit à petit, en éteignant la télé, en m'asseyant dans le calme, en essayant d'écouter ce que ce silence avait à me dire. Et j'ai découvert que la solitude pouvait être nourrissante. »

Sophie, comme beaucoup d'entre nous, a d'abord cherché à fuir la solitude, à la remplir de bruits et d'interactions. Sa peur du silence de son appartement reflète une peur plus profonde : celle de faire face à elle-même, sans distraction. Dans la solitude, il n'y a personne pour combler les vides, personne pour détourner l'attention de nos pensées et de nos émotions. Elle nous force à plonger en nous-mêmes, à explorer des territoires intérieurs que nous avons peut-être négligés ou ignorés pendant longtemps.

Apprivoiser la Solitude : Un Cheminement Personnel

Apprivoiser la solitude, c'est accepter de ne plus la combler frénétiquement, mais de l'explorer, de lui donner une place dans notre vie. Cela peut être un cheminement difficile, surtout si l'on associe la solitude à l'abandon ou au manque.

Pourtant, comme l'a découvert Sophie, la solitude peut être un espace de **réflexion et d'acceptation** de soi, un moment où l'on se permet d'être simplement, sans masque, sans pression. Dans ces instants de solitude, il est possible de se reconnecter avec des aspects de notre personnalité que nous avons peut-être laissés de côté, de renouer avec nos passions, ou de réfléchir à ce qui compte vraiment pour nous.

Au fur et à mesure, Sophie a transformé ce qui était au départ une source d'angoisse en un **moment de ressourcement**. Elle a appris à écouter ses propres besoins, à reconnaître ses peurs, et même à apprécier le silence comme un espace de liberté. Car dans le silence, il n'y a plus d'injonctions, plus de rôles à jouer, plus de pression à être quelqu'un pour les autres. Il y a juste soi-même, dans toute sa vulnérabilité, mais aussi dans toute sa richesse.

La Solitude Comme Source de Force

Cette capacité à être seule et à apprécier la solitude est une force puissante. En apprenant à se suffire, on devient moins dépendante de la présence et de l'approbation des autres. On cesse de chercher constamment des distractions ou des validations extérieures pour remplir des vides. La solitude nous apprend à **nous ancrer en nous-mêmes**, à puiser en nous les ressources dont nous avons besoin pour nous sentir complète et sereine.

Lorsque la solitude est vécue comme un espace d'autonomie et de paix, elle devient un refuge, un lieu où l'on peut se recentrer. Cette force intérieure permet de mieux naviguer dans le monde, car on ne cherche plus désespérément à remplir un manque ; on est déjà pleine de soi-même. On peut alors entrer en relation avec les autres d'une manière plus authentique et équilibrée, sans chercher à combler un vide ou à échapper à une peur.

Cultiver la Solitude : Conseils Pratiques

Pour ceux qui, comme Sophie, ressentent au début une appréhension face à la solitude, voici quelques pistes pour apprendre à l'apprivoiser :

> **Accueillir le Silence** : Plutôt que de chercher à remplir immédiatement le silence, essayez de vous asseoir quelques minutes dans le calme, sans télévision, sans musique, sans distractions. Écoutez simplement le silence autour de vous et laissez vos pensées venir et repartir sans jugement.

> **Tenir un Journal Intime** : La solitude est un moment propice pour écrire, pour poser sur le papier ce que l'on ressent, ses peurs, ses espoirs, ses réflexions. Tenir un journal permet de mettre de la clarté dans son monde intérieur et de développer une meilleure connaissance de soi.

> **Explorer des Activités en Solo** : Apprenez à apprécier des activités seules, que ce soit lire, dessiner, cuisiner, faire de la randonnée, ou toute autre activité qui vous plaît. Ces moments où vous faites quelque chose pour vous-même, par vous-même, peuvent renforcer votre sentiment d'autonomie et de satisfaction.

> **Pratiquer la Méditation ou la Pleine Conscience** : La méditation est un outil puissant pour se familiariser avec la solitude et apprendre à observer ses pensées sans s'y attacher. Elle permet de

développer une connexion plus profonde avec soi-même et d'apprécier la simple présence.

Redéfinir la Solitude Comme un Acte de Soin de Soi : Voyez ces moments de solitude comme un cadeau que vous vous faites, un temps pour prendre soin de vous et vous ressourcer. Cette perspective positive peut transformer la manière dont vous abordez la solitude.

Témoignage de Sophie : Un Nouveau Rapport à la Solitude

"Aujourd'hui, j'ai appris à apprécier mes moments seule. Ce silence qui me terrifiait autrefois est devenu un compagnon. Dans la solitude, je me sens libre, sans attentes à satisfaire, sans rôle à jouer. Ces moments de calme sont devenus essentiels pour moi. Ils me permettent de me recentrer, de recharger mes batteries et de mieux comprendre ce que je veux vraiment dans la vie. La solitude n'est plus un vide, mais un espace rempli de possibilités."

Le parcours de Sophie nous montre que la solitude, loin d'être une absence, peut devenir une **présence** pleine et réconfortante. Elle est une invitation à se retrouver, à découvrir des parties de soi souvent masquées par le bruit et l'agitation du quotidien. En cultivant cette capacité à être seule, nous découvrons que nous possédons en nous-mêmes les ressources nécessaires pour nous sentir en paix, complets et satisfaits.

À RETENIR

La solitude, apprivoisée, devient un espace d'autonomie et de sérénité. Elle nous permet de construire une relation plus profonde avec nous-mêmes, de renforcer notre force intérieure, et de ne plus dépendre des autres pour ressentir un sentiment de complétude. Comme l'a découvert Sophie, elle peut être nourrissante, apaisante, et source d'un équilibre intérieur précieux. En apprenant à apprécier notre propre compagnie, nous découvrons une liberté nouvelle — celle de se sentir bien en étant simplement soi-même, sans artifices ni distractions.

Exercice Pratique : Gradation de la Solitude

Commencez par :

La solitude est une compétence que l'on peut cultiver progressivement, surtout si l'idée de passer du temps seule vous met mal à l'aise. Ce programme en quatre étapes vous aidera à apprivoiser la solitude de manière douce et progressive. Chaque étape vise à renforcer votre confort dans votre propre compagnie, en allant de courts moments de solitude à des expériences plus immersives.

Voici les étapes de cet exercice, du plus simple au plus complexe, pour développer votre relation avec vous-même :

1. 15 minutes seule sans distractions

Objectif : Apprendre à être en paix avec le silence et l'absence de stimulation extérieure.

Instructions : Trouvez un endroit calme et confortable où vous pourrez être seule pendant 15 minutes. Éteignez votre téléphone, votre ordinateur, et toute autre distraction. Pas de musique, pas de livre, pas de conversation. Asseyez-vous ou allongez-vous confortablement, et concentrez-vous sur votre respiration. Laissez vos pensées vagabonder sans les juger ou les retenir. Observez-les simplement passer, comme si vous regardiez des nuages se déplacer dans le ciel.

Conseils :

Si des pensées inconfortables surgissent, accueillez-les sans chercher à les fuir. Vous n'êtes pas obligée de leur donner du poids ou de les analyser, contentez-vous de les observer.

Essayez de ne pas remplir ce silence avec des actions ou des pensées pratiques. Laissez-vous simplement être.

Bénéfices attendus : Cette première étape vous permettra de vous familiariser avec le silence et de commencer à apprécier la simplicité d'être seule sans distractions. Vous apprendrez à observer vos pensées et vos émotions sans les fuir.

2. Un repas en solo au restaurant

Objectif : Se sentir à l'aise en public sans la compagnie de quelqu'un d'autre.

Instructions : Choisissez un restaurant ou un café où vous vous sentez à l'aise et allez-y seule pour un repas. Évitez d'emporter un livre ou votre téléphone. Asseyez-vous, passez votre commande, et profitez de l'expérience. Prenez le temps de savourer chaque bouchée, de prêter attention à votre environnement, aux saveurs, et à vos sensations.

Conseils :

Si vous vous sentez gênée ou mal à l'aise, essayez de transformer cette gêne en curiosité. Demandez-vous pourquoi vous ressentez cela et observez vos pensées sans les juger.

Au lieu de vous distraire, concentrez-vous sur le moment présent : la texture des aliments, les bruits autour de vous, les sensations dans votre corps.

Respirez profondément si vous ressentez de l'inconfort. Rappelez-vous que de nombreuses personnes mangent seules sans que cela attire l'attention.

Bénéfices attendus : Manger seule au restaurant est une façon de renforcer votre confiance en vous-même et d'apprendre à apprécier votre propre compagnie, même dans un cadre social. Cela vous aidera à vous libérer du besoin d'avoir un(e) compagnon(ne) pour apprécier un moment simple.

3. Une sortie culturelle en solitaire

Objectif : Explorer de nouvelles expériences en solo et cultiver votre curiosité personnelle.

Instructions : Choisissez une activité culturelle qui vous intéresse, comme une visite au musée, un concert, une exposition d'art, ou une projection de film, et allez-y seule. Prenez le temps d'explorer à votre rythme, sans vous préoccuper des attentes ou des réactions de quelqu'un d'autre. Cette sortie est pour vous, alors savourez-la pleinement.

Conseils :

Donnez-vous la liberté d'aller à votre rythme, de passer plus de temps sur ce qui vous intrigue vraiment, et de sauter ce qui vous intéresse moins.

Profitez de l'occasion pour remarquer ce qui capte votre attention naturellement, sans être influencée par un accompagnant. C'est un excellent moyen de mieux vous connaître.

Prenez des notes ou faites un croquis si quelque chose vous inspire particulièrement, pour marquer ce moment comme une expérience personnelle unique.

Bénéfices attendus : En sortant seule pour une activité culturelle, vous renforcez votre capacité à apprécier des expériences pour vous-même, sans avoir besoin de la validation ou de l'approbation d'un autre. Cela peut être très enrichissant et vous permettra de développer une relation plus riche avec vous-même.

4. Un week-end de retraite personnelle

Objectif : S'offrir un temps de ressourcement profond et se reconnecter avec soi-même loin de toute influence extérieure.

Instructions : Organisez un week-end où vous vous éloignez de votre routine habituelle pour passer du temps en immersion avec vous-même. Vous pouvez choisir de partir dans une maison de campagne, de louer une petite cabane ou un chalet, ou même de rester chez vous en limitant les distractions et les contacts extérieurs. Planifiez des activités de ressourcement personnel, comme la méditation, le yoga, l'écriture, ou la randonnée en nature.

Conseils :

Établissez des intentions claires pour ce week-end. Peut-être voulez-vous réfléchir à certains aspects de votre vie, ou simplement vous détendre sans aucune pression. Notez vos intentions pour rester centrée sur vos objectifs personnels.

Laissez votre téléphone éteint ou en mode avion autant que possible pour éviter les distractions et les sollicitations extérieures. Informez vos proches que vous prendrez du temps pour vous-même.

Pratiquez des activités qui favorisent l'introspection et le calme, comme l'écriture, la lecture, ou la contemplation de la nature. Accordez-vous des moments de silence, sans horaire ni contrainte.

Bénéfices attendus : Un week-end de solitude permet une reconnexion profonde avec soi-même. Ce temps passé seule peut être un puissant moyen d'apprendre à écouter vos besoins, à observer vos pensées et vos émotions en profondeur, et à cultiver un sentiment de complétude intérieure. C'est une occasion de revenir à vous-même, loin du bruit et des attentes des autres.

À RETENIR

Cet exercice de gradation de la solitude vous permet de construire, pas à pas, une relation plus sereine avec la solitude. En commençant par des moments courts et en allant jusqu'à une retraite personnelle, vous apprenez à apprécier la compagnie de vous-même et à explorer le monde sans toujours dépendre de la présence ou de l'approbation des autres. À chaque étape, vous renforcez votre autonomie émotionnelle, en réalisant que votre bien-être ne dépend pas de la présence d'autrui.

Ces moments de solitude peuvent vous révéler des aspects de votre personnalité, des passions et des intérêts que vous n'auriez pas nécessairement explorés dans un contexte social. La solitude, lorsqu'elle est vécue consciemment, devient une source de force, de découverte et de paix intérieure.

Deuxième Partie
Construire son Autonomie

Chapitre 4
Les Fondations de l'Autonomie Émotionnelle

Redéfinir sa Relation à Soi-même

L'autonomie émotionnelle, loin d'être une indifférence aux autres ou un refus de la proximité, repose avant tout sur une relation équilibrée et bienveillante avec soi-même. C'est la capacité de se sécuriser émotionnellement, d'apaiser ses peurs et d'honorer ses propres besoins sans dépendre exclusivement de la validation ou de l'attention des autres. En d'autres termes, l'autonomie émotionnelle signifie être son propre pilier, un appui solide qui nous accompagne dans nos moments de joie comme dans nos moments de détresse.

Pour bâtir cette autonomie, il est essentiel de redéfinir sa relation avec soi-même et d'y établir des fondations solides. Cela implique trois pratiques fondamentales : l'écoute de ses besoins, le respect de ses limites, et la validation de ses émotions.

1. L'écoute de ses besoins

Pour développer une autonomie émotionnelle authentique, la première étape consiste à s'ouvrir à **l'écoute de ses besoins**. Bien souvent, nous passons notre vie à nous concentrer sur les attentes et les besoins des autres, en négligeant les nôtres. Cela peut créer une déconnexion intérieure qui, à terme, affaiblit notre confiance en nous et nous rend dépendante de l'approbation ou de l'attention des autres pour nous sentir complets. Pourtant, nos besoins sont des signaux essentiels, des appels de notre être profond qui méritent d'être entendus et respectés.

Écouter ses besoins signifie prendre le temps de se poser la question : *De quoi ai-je vraiment besoin en ce moment ?* Peut-être avez-vous besoin de repos, de calme, d'expression créative, de reconnaissance, ou de protection. C'est une invitation à se reconnecter avec soi, sans jugement, et à accepter que nos besoins sont légitimes, même s'ils ne correspondent pas toujours aux attentes ou aux désirs des autres.

Exercice pratique : Prenez l'habitude de vous poser cette question plusieurs fois par jour : *Qu'est-ce que je ressens et de quoi ai-je besoin ?* Notez vos réponses dans un journal, en observant sans jugement. Avec le temps, vous apprendrez à reconnaître plus facilement vos besoins et à vous connecter avec eux, ce qui renforce votre sentiment de stabilité intérieure.

2. Le respect de ses limites

Une relation saine avec soi-même implique également de **respecter ses limites**. Nos limites, qu'elles soient physiques, émotionnelles ou mentales, sont les barrières qui nous protègent de la surcharge et du dépassement de soi. Elles définissent l'espace où nous nous sentons en sécurité et alignée avec nos valeurs. Malheureusement, il est courant de les ignorer ou de les repousser par peur de déplaire, de décevoir, ou par crainte du rejet. Cependant, en faisant cela, nous trahissons notre intégrité intérieure et nous mettons dans une position de dépendance émotionnelle, où l'approbation des autres devient plus importante que notre propre bien-être.

Respecter ses limites, c'est apprendre à dire "non" sans culpabilité et à poser des balises pour protéger son espace personnel. C'est reconnaître que notre énergie et notre attention sont précieuses, et que les préserver est essentiel pour maintenir un équilibre intérieur. Plus nous respectons nos limites, plus nous renforçons notre autonomie émotionnelle, car nous développons la capacité à nous protéger sans attendre que quelqu'un d'autre le fasse pour nous.

Exercice pratique : Prenez le temps de réfléchir à vos limites dans différents domaines de votre vie (relationnel, professionnel, familial, etc.). Notez-les de manière claire et concise. Ensuite, observez vos interactions et identifiez les moments où vos limites sont franchies. Engagez-vous à les affirmer doucement mais fermement, même si cela peut être inconfortable au début. Chaque "non" bien placé est un acte d'amour envers soi-même.

3. La validation de ses émotions

La validation de ses émotions est la troisième fondation de l'autonomie émotionnelle. Souvent, nous avons tendance à minimiser, à ignorer, ou à juger nos propres émotions, surtout lorsqu'elles sont intenses ou inconfortables. Nous les balayons sous le tapis ou les rationalisons, persuadées qu'elles ne sont pas "logiques" ou "justifiées". Mais en agissant ainsi, nous créons en nous un terrain de souffrance latente et de frustration, car les émotions non reconnues finissent toujours par resurgir, souvent avec plus de force.

Valider ses émotions, c'est accepter de les ressentir pleinement sans chercher à les justifier ou à les réprimer. C'est comprendre que chaque émotion, qu'elle soit agréable ou désagréable, a une raison d'être et qu'elle nous livre un message sur notre état intérieur. La tristesse, par exemple, peut être un signal de perte ou de manque ; la colère peut indiquer qu'une de nos limites a été franchie ; la peur peut nous signaler un besoin de protection. En apprenant à écouter et à accepter nos émotions, nous nous offrons un espace de bienveillance intérieure où il est possible de nous apaiser et de nous réconforter par nous-mêmes.

Exercice pratique : Lorsque vous ressentez une émotion intense, prenez un moment pour l'identifier et la nommer : *« Je ressens de la tristesse »*, *« Je ressens de la colère »*. Ensuite, posez-vous la question : *« Qu'est-ce que cette émotion essaie de me dire ? »*. Accueillez-la sans jugement, comme vous le feriez avec une amie en détresse. Vous pouvez également noter vos ressentis dans un journal, pour mieux comprendre les schémas émotionnels qui reviennent et les besoins associés à ces émotions.

Redéfinir sa Relation à Soi-même : Une Transformation Progressive

Redéfinir sa relation à soi-même est un processus progressif qui demande de la patience et de la persévérance. Il s'agit de déconstruire les croyances limitantes et les conditionnements sociaux qui nous ont peut-être appris à prioriser les besoins des autres au détriment des nôtres. Il s'agit aussi de créer une connexion avec soi-même, basée sur l'amour, l'écoute et le respect. Cette relation avec soi est la base de l'autonomie émotionnelle, car elle nous permet de trouver en nous-mêmes les ressources nécessaires pour naviguer dans la vie, sans dépendre constamment de l'approbation ou du soutien extérieur.

En cultivant cette autonomie émotionnelle, nous devenons plus libres dans nos relations, capables d'aimer et de recevoir de l'amour sans peur excessive de l'abandon ou de la perte. Nous pouvons nous ouvrir aux autres depuis un lieu de complétude, et non de manque. Les relations ne sont alors plus des moyens de remplir un vide, mais des espaces d'échange, de partage et de croissance.

À RETENIR : Les Bénéfices d'une Relation Saine avec Soi-même

Bâtir une relation saine avec soi-même, en écoutant ses besoins, en respectant ses limites et en validant ses émotions, est un acte d'autonomie et de force intérieure. Cette autonomie émotionnelle nous permet d'affronter les défis de la vie avec résilience, de surmonter les peurs de l'abandon, et de créer des relations plus équilibrées et épanouissantes. Lorsque nous sommes en paix avec nous-mêmes, nous n'avons plus besoin de nous accrocher aux autres pour combler nos manques, et nous pouvons nous engager dans des relations par choix, non par besoin.

En apprenant à nous écouter, à nous respecter et à nous valider, nous posons les fondations d'une autonomie émotionnelle durable, capable de résister aux tempêtes de la vie. Ces fondations sont essentielles pour vivre une vie alignée avec nos valeurs et pour construire des relations empreintes de respect, de liberté et d'amour véritable.

Résumé des Fondations de l'Autonomie Émotionnelle :

L'écoute de ses besoins : Identifier et honorer nos besoins personnels pour nous sentir complete et épanouie.

Le respect de ses limites : Poser des frontières claires pour protéger notre espace intérieur et notre énergie.

La validation de ses émotions : Accueillir nos émotions sans jugement, pour mieux comprendre ce qu'elles révèlent de nos besoins profonds.

En développant ces trois pratiques, nous bâtissons une relation solide avec nous-mêmes, une relation qui devient la fondation de notre autonomie émotionnelle et la clé de notre liberté intérieure.

Exercice : La Lettre à Soi-même

Cet exercice d'écriture est un puissant outil de réconfort et de soutien, conçu pour renforcer votre relation avec vous-même. Écrire une lettre à soi-même, comme si vous écriviez à votre meilleure amie, permet de changer de perspective et de prendre un moment pour vous offrir la douceur, l'encouragement et la bienveillance que vous méritez. Cette lettre est un espace pour reconnaître vos défis, célébrer vos réussites, et vous rappeler que vous êtes digne d'amour et de soutien, y compris de la part de vous-même.

Instructions :

Installez-vous dans un endroit calme et confortable, où vous pouvez écrire sans être dérangée. Prenez quelques respirations profondes pour vous centrer et laissez vos pensées se calmer.

Imaginez que vous écrivez à votre meilleure amie, quelqu'un pour qui vous avez beaucoup d'affection et de bienveillance. Imaginez que cette amie traverse les mêmes difficultés, doutes ou peurs que vous, et qu'elle vient vers vous pour chercher réconfort et encouragement.

Écrivez de manière sincère et bienveillante. Parlez-vous avec le même amour, la même compassion et la même douceur que vous offririez à une amie précieuse. Soyez honnête, mais toujours encourageante et compréhensif(ve).

Quelques questions pour vous guider :

Quelles difficultés ou défis traverses-tu en ce moment ? Reconnaissez les moments difficiles, les peurs ou les doutes que vous pouvez ressentir, sans minimiser leur importance.

Quelles sont tes qualités ? Rappelez-vous vos forces, vos qualités, et tout ce que vous appréciez en vous.

Quels encouragements aimeriez-vous recevoir ? Que diriez-vous pour encourager une amie qui passe par une période similaire ?

Quelles réalisations ou progrès as-tu accompli récemment ? Souvent, nous oublions de célébrer nos réussites, même les petites étapes. Prenez le temps de reconnaître tout ce que vous avez accompli.

Exemple de Lettre à Soi-même

Chère [Votre prénom],

Je sais que ces derniers temps n'ont pas été faciles pour toi. Tu traverses des moments de doute, tu te poses beaucoup de questions, et parfois, tu te sens submergée par toutes les attentes que tu penses devoir remplir. Sache que je vois tous les efforts que tu fais. Même si tu n'as pas toujours l'impression d'avancer, je veux que tu saches que tu es bien plus forte et bien plus courageuse que tu ne le crois.

Je suis fière de toi. Oui, fière de tout ce que tu accomplis, même quand cela te semble insignifiant. Chaque petit pas compte. Il faut du courage pour faire face à ses peurs, pour affronter ses doutes et pour avancer, même quand le chemin semble flou. Et c'est exactement ce que tu fais.

Je veux aussi te rappeler que tu as le droit de prendre soin de toi. Tu n'as pas besoin de tout gérer parfaitement ni de tout contrôler. Tu es humaine, avec tes hauts et tes bas, et c'est ce qui fait ta beauté et ta force. Accorde-toi le droit de te reposer, de prendre des pauses, et de dire « non » quand tu en as besoin. Tes besoins sont importants, et tu mérites de les honorer sans te sentir coupable.

Rappelle-toi aussi de toutes les fois où tu as surmonté des obstacles qui te paraissaient insurmontables. Tu as déjà traversé tant de défis, et à chaque fois, tu en es ressortie plus forte et plus résiliente. Il n'y a pas de raison que tu n'y arrives pas cette fois-ci. Fais-toi confiance, car tu es plus que capable de faire face à ce qui te pèse aujourd'hui. Sache que je suis là pour toi, inconditionnellement. Que tu réussisses ou non, que tu sois au sommet ou au creux de la vague, je suis là, à tes côtés, pour te soutenir et t'aimer, telle que tu es. Tu es digne d'amour, de compassion, et de douceur, et je suis prête à t'en offrir autant que tu en as besoin.

Prends ce moment pour te rappeler combien tu es importante et combien tu comptes pour moi. Je te soutiendrai, peu importe le chemin que tu choisis de prendre. Tu n'es pas seule, et tu es tellement plus capable et plus précieuse que tu ne le réalises.

Avec tout mon amour,

[Votre prénom]

Pourquoi cet exercice est-il puissant ?

Écrire une lettre à soi-même comme à une amie nous permet de prendre du recul et de nous offrir le même soutien que nous donnerions spontanément à quelqu'un d'autre. Cet exercice nous aide à nous décentrer de nos critiques intérieures et à développer une voix bienveillante, capable de nous encourager et de nous consoler. En nous parlant avec gentillesse et compréhension, nous renforçons notre relation avec nous-même et développons une autonomie émotionnelle qui ne dépend pas exclusivement de la validation extérieure.

Comment utiliser cette lettre par la suite ?

> **Relisez-la régulièrement** : Surtout dans les moments où vous vous sentez découragée ou submergée. Lisez-la comme si elle venait d'une amie chere, en vous rappelant que ces mots d'amour et de soutien sont les vôtres.

Gardez-la dans un endroit accessible : Dans votre journal, votre portefeuille, ou même enregistrez-la sur votre téléphone. Il est rassurant de savoir que vous pouvez vous offrir ce soutien à tout moment.

Répétez l'exercice : Vous pouvez refaire cet exercice chaque fois que vous en ressentez le besoin, en adaptant vos mots à votre situation actuelle. À chaque nouvelle lettre, vous renforcerez un peu plus cette relation de confiance et d'amour avec vous-même.

En prenant soin de vous-même de cette manière, vous posez une pierre fondamentale de votre autonomie émotionnelle. Vous devenez capable de vous consoler, de vous encourager, et de vous offrir le soutien que vous méritez. C'est un acte d'amour envers vous-même, un engagement à être présente pour vous, quoi qu'il arrive.

Les Piliers de l'Estime de Soi

L'estime de soi est la base de notre relation à nous-mêmes et de la façon dont nous interagissons avec le monde. Elle influence notre manière de nous sentir, de nous exprimer, de prendre des décisions et de nous engager dans nos relations. Une bonne estime de soi repose sur trois piliers fondamentaux : l'amour de soi, la vision de soi et la confiance en soi. Travailler sur ces piliers permet de renforcer notre sentiment de valeur personnelle et de construire une vie plus épanouissante et plus alignée avec qui nous sommes vraiment.

1. L'Amour de Soi

L'amour de soi est la capacité à s'accepter et à s'aimer sans conditions. Cela signifie être capable de se voir avec bienveillance, même dans les moments de vulnérabilité ou de faiblesse. Aimer soi-même ne signifie pas être parfaite ni se mettre sur un piédestal ; au contraire, c'est reconnaître et accepter notre humanité, avec nos imperfections et nos erreurs.

S'accepter inconditionnellement : L'acceptation de soi implique de ne pas poser de conditions pour se sentir digne. C'est accepter tout ce que l'on est – nos forces, nos faiblesses, nos réussites et nos échecs – sans jugement.

Se pardonner ses erreurs : Aimer soi-même signifie aussi être capable de pardonner ses erreurs passées, de ne pas se condamner pour les choix ou actions que l'on regrette. Se pardonner, c'est accepter que nous sommes en perpétuel apprentissage et que l'erreur est une partie intégrante de ce processus.

Cultiver la bienveillance envers soi : Pratiquer la bienveillance envers soi consiste à se parler comme on le ferait à une amie chere, en se traitant avec douceur et compréhension, même dans les moments difficiles.

2. La Vision de Soi

La vision de soi est la manière dont nous nous percevons, la représentation mentale que nous avons de nous-mêmes. Une vision de soi équilibrée est réaliste et bienveillante, prenant en compte à la fois nos qualités et nos limites. Elle nous permet de nous voir avec clarté et d'apprécier notre valeur, sans exagérer ni minimiser ce que nous sommes.

Reconnaître ses qualités : Pour nourrir une vision positive de soi, il est important de prendre le temps de reconnaître nos qualités et nos forces. Quelles compétences, aptitudes, ou traits de caractère valorisons-nous en nous-mêmes ?

Accepter ses limites : Une bonne estime de soi repose aussi sur l'acceptation de ses limites et de ses imperfections. Cela signifie comprendre qu'il est normal d'avoir des points faibles et que cela ne diminue en rien notre valeur.

Développer une image réaliste de soi : Se voir telle que l'on est, sans idéaliser ni dévaloriser, est essentiel pour entretenir une estime de soi saine. Cette image de soi réaliste nous permet de mieux gérer les défis et d'accepter nos réussites avec humilité.

3. La Confiance en Soi

La confiance en soi est le troisième pilier de l'estime de soi, celui qui nous pousse à agir, à prendre des décisions et à avancer, même face aux obstacles. Avoir confiance en soi, c'est croire en ses capacités, oser se lancer dans des projets et accepter que l'on a les ressources pour surmonter les difficultés.

Oser agir : La confiance en soi se construit en sortant de sa zone de confort et en essayant des choses nouvelles. Chaque petite action courageuse renforce notre foi en nos capacités.

Apprendre de ses expériences : Plutôt que de voir les erreurs comme des échecs, la confiance en soi se nourrit de la capacité à apprendre de chaque expérience. Chaque leçon nous rend plus forte et plus résiliente.

Se faire confiance dans ses décisions : Cultiver la confiance en soi, c'est aussi apprendre à écouter sa propre voix, à prendre des décisions qui nous ressemblent et à croire en notre jugement.

Exercice : Le Journal des Réussites

Cet exercice vous aide à cultiver une estime de soi positive en vous focalisant sur vos réussites, vos qualités, et les défis que vous avez relevés. En vous entraînant à reconnaître ce qui va bien dans votre journée, vous renforcez les piliers de l'estime de soi.

Chaque soir, notez :

Une chose dont vous êtes fière aujourd'hui : Cela peut être une tâche accomplie, une petite victoire, un effort personnel, ou même un moment où vous vous êtes montrée bienveillante envers vous-même.

Un défi que vous avez relevé : Identifiez un moment où vous avez fait face à une difficulté ou une situation inconfortable. Reconnaissez votre courage et la manière dont vous avez géré ce défi.

Une qualité que vous avez manifestée : Que ce soit la patience, la persévérance, l'empathie, ou la créativité, prenez le temps de remarquer vos qualités en action.

En prenant quelques minutes chaque soir pour cet exercice, vous renforcerez progressivement votre vision de vous-même et développerez une appréciation plus juste et bienveillante de votre propre valeur.

Développer son Jardin Intérieur

Imaginez votre vie émotionnelle comme un jardin. Chaque pensée bienveillante, chaque acte de compassion envers vous-même est une graine que vous plantez et que vous pouvez cultiver. Ce jardin représente tout ce qui vous nourrit, vous ressource et vous aide à vous épanouir. En prenant conscience de ce que vous souhaitez y faire pousser, vous pourrez orienter vos actions vers le développement d'une estime de soi plus solide et plus équilibrée.

Questions pour guider votre réflexion :

> **Quelles qualités ou émotions aimeriez-vous cultiver ?** Par exemple, vous pourriez vouloir développer la patience, la résilience, la créativité, ou la confiance en vous. Imaginez ces qualités comme des plantes dans votre jardin, que vous nourrissez et que vous voyez grandir avec le temps.

> **Quelles habitudes souhaitez-vous planter ?** Peut-être souhaitez-vous cultiver l'habitude de l'autocompassion, de la gratitude quotidienne, ou de l'écoute attentive de vos besoins. Ces habitudes sont comme les pratiques régulières qui nourrissent et renforcent votre jardin intérieur.

> **Quelles mauvaises herbes aimeriez-vous arracher ?** Dans chaque jardin, il y a des « mauvaises herbes » — ces pensées limitantes, jugements critiques ou comportements automatiques qui entravent notre croissance.

Identifiez ce qui vous freine et réfléchissez à des moyens de réduire leur influence dans votre vie.

Quelles nouvelles graines voulez-vous planter pour l'avenir ? En d'autres termes, quels nouveaux aspects de vous-même aimeriez-vous explorer ou développer ? Vous pourriez vouloir vous ouvrir à plus de créativité, à de nouvelles compétences, ou à des expériences qui nourriront votre bien-être intérieur.

Exercice : La Cartographie des Ressources

La cartographie des ressources est un exercice visuel et introspectif qui vous aide à identifier et à renforcer les ressources intérieures dont vous disposez. Cet exercice peut vous offrir une vue d'ensemble de vos talents, de vos passions, de vos valeurs, et des éléments qui vous apportent de la joie, ce qui peut renforcer votre estime de soi.

Instructions :

Dessinez un cercle au centre d'une page : Ce cercle représente le cœur de votre jardin intérieur, votre espace personnel, où se trouvent vos forces et vos ressources.

Autour du cercle, notez les éléments suivants :

Vos talents : Pensez aux compétences ou capacités naturelles que vous possédez, que ce soit dans le domaine professionnel, créatif, relationnel, ou autre. Quels talents vous distinguent ?

Vos passions : Identifiez ce qui vous fait vibrer, ce que vous aimez faire pour le simple plaisir. Cela peut être une activité, une cause, ou un sujet qui vous tient à cœur.

Vos valeurs : Ce sont les principes fondamentaux qui guident vos choix et vos actions. Par exemple, cela peut être la bienveillance, l'honnêteté, la liberté, la justice, la créativité, etc.

Vos sources de joie : Notez tout ce qui vous apporte du bonheur et vous ressource. Cela peut être des activités simples comme lire un livre, marcher dans la nature, cuisiner, ou passer du temps avec des êtres chers.

Reliez ces éléments entre eux :

Tracez des lignes entre les éléments qui se complètent ou se renforcent mutuellement. Par exemple, votre passion pour l'écriture peut être liée à votre besoin d'expression personnelle et à votre valeur de créativité. Vous verrez ainsi comment vos ressources et vos valeurs se connectent pour former un ensemble cohérent.

Identifiez ceux que vous souhaitez développer davantage : Regardez les éléments que vous avez notés et demandez-vous lesquels vous aimeriez nourrir ou explorer davantage dans les semaines ou les mois à venir. Par exemple, si la patience est une qualité que vous souhaitez renforcer, notez-la comme une graine à cultiver dans votre jardin intérieur.

Pourquoi ces exercices sont importants

Travailler sur les piliers de l'estime de soi et prendre soin de son jardin intérieur nous permet de devenir des personnes plus alignées, plus résilientes, et plus autonomes émotionnellement. Chaque petite action que vous entreprenez pour renforcer votre amour de soi, votre vision de vous-même et votre confiance en vous est une manière de planter des graines qui feront fleurir votre jardin intérieur.

Ces exercices aident également à réduire la dépendance à l'approbation extérieure. En prenant conscience de vos qualités, de vos valeurs, et des ressources dont vous disposez, vous développez un ancrage intérieur qui vous permet de mieux naviguer dans la vie, sans attendre constamment que les autres valident votre valeur.

En nourrissant votre jardin intérieur, vous devenez votre propre source de validation et de réconfort. Cela vous donne la force d'avancer dans la vie avec une plus grande confiance, de faire face aux défis, et de vous réaliser pleinement, non pour satisfaire les attentes des autres, mais pour être en harmonie avec vous-même.

À RETENIR

Les piliers de l'estime de soi — l'amour de soi, la vision de soi, et la confiance en soi — sont les fondations d'une vie épanouie. En développant ces trois aspects, nous construisons une base solide qui nous permet d'aborder la vie avec plus de sérénité, de résilience et d'autonomie. Ces piliers sont renforcés par les pratiques quotidiennes et les exercices tels que le Journal des Réussites, la visualisation de notre jardin intérieur, et la cartographie des ressources.

Chacun de ces exercices est une invitation à explorer, à écouter, et à honorer qui vous êtes réellement. En prenant soin de votre jardin intérieur, en reconnaissant vos ressources et en cultivant vos qualités, vous bâtissez une estime de vous-même durable et équilibrée. Et souvenez-vous, le jardin de votre vie émotionnelle est un espace vivant, en constante évolution. Prenez le temps de l'arroser, de le nourrir, et de l'observer grandir. Vous en récolterez les fruits au fil des saisons, et vous verrez que tout ce dont vous avez besoin est déjà là, en vous.

Chapitre 5
Les Outils de l'Autonomie au Quotidien

Dans ce chapitre, nous explorons des outils concrets pour renforcer votre autonomie émotionnelle au quotidien. L'autonomie émotionnelle n'est pas seulement un état d'esprit, mais une pratique quotidienne. Elle consiste à gérer ses émotions de manière consciente et bienveillante, à observer ses pensées sans s'y laisser piéger, et à trouver un ancrage solide en soi-même. Les outils de régulation émotionnelle, de pleine conscience, et d'ancrage dans le présent sont des moyens puissants pour développer cette autonomie et naviguer dans les hauts et les bas de la vie avec plus de sérénité.

La Régulation Émotionnelle

Apprendre à gérer ses émotions ne signifie pas les supprimer ni les contrôler de manière rigide. Au contraire, il s'agit d'apprendre à les accueillir avec bienveillance et à les observer avec lucidité. La régulation émotionnelle consiste à reconnaître et à comprendre ses émotions, afin de pouvoir répondre de manière plus équilibrée aux situations, au lieu de réagir de façon impulsive.

Technique STOP :

La technique STOP est une méthode simple pour se recentrer lorsque vous êtes submergée par une émotion intense. Elle vous aide à prendre du recul, à apaiser l'impulsion initiale, et à choisir une réponse plus réfléchie.

S'arrêter : Dès que vous sentez une émotion monter en vous, prenez une pause. Arrêtez ce que vous êtes en train de faire pour vous donner un moment de recul.

Tirer un grand souffle : Prenez une grande inspiration. La respiration est un moyen direct de calmer le système nerveux et de réduire l'intensité émotionnelle.

Observer ce qui se passe en soi : Prenez un moment pour observer ce que vous ressentez. Quelle est l'émotion présente ? Où la ressentez-vous dans votre corps ? Quelles pensées l'accompagnent ?

Prendre du recul et choisir sa réaction : En prenant un peu de distance, vous pouvez choisir une réponse plus appropriée. Demandez-vous : "Quelle est la meilleure manière de répondre à cette situation pour moi-même et pour les autres ?"

Exercice Pratique : Le Thermomètre Émotionnel

Le thermomètre émotionnel est un outil pour évaluer vos émotions de manière objective et pour comprendre les différentes intensités émotionnelles que vous pouvez ressentir au cours de la journée. En prenant le temps de noter vos états émotionnels, vous pouvez mieux anticiper les moments où vous risquez de vous sentir submergée et adapter vos réponses en fonction de l'intensité de vos émotions.

Créez une échelle de 1 à 10 de vos états émotionnels : Imaginez une échelle où 1 représente un état de calme total et 10 représente une émotion intense et difficile à gérer.

Notez les signes physiques associés : Pour chaque niveau de votre échelle, identifiez les signes physiques que vous ressentez. Par exemple, au niveau 3, vous pouvez ressentir une légère tension dans les épaules ; au niveau 8, vous pouvez ressentir un rythme cardiaque accéléré et des mains moites.

Identifiez les pensées typiques : Pour chaque niveau d'intensité, identifiez les pensées qui accompagnent ces émotions. Par exemple, au niveau 2, vous pourriez penser "Je me sens bien et détendue". Au niveau 9, vous pourriez penser "Je ne vais pas y arriver" ou "Tout est en train de s'écrouler".

Décrivez vos comportements habituels : Observez comment vous réagissez habituellement aux différentes intensités émotionnelles. Par exemple, au niveau 4, vous pourriez remarquer une tendance à vous replier sur vous-même. Au niveau 10, vous pourriez réagir par des comportements impulsifs.

Élaborez des stratégies d'apaisement adaptées : Pour chaque niveau, déterminez une stratégie d'apaisement qui pourrait vous aider. Par exemple, au niveau 3, la respiration profonde peut suffire ; au niveau 8, une promenade en extérieur ou l'écoute de musique apaisante pourrait être nécessaire.

Cet exercice vous permet de développer une meilleure connaissance de vous-même et de vos émotions, et de trouver des moyens de répondre aux situations stressantes avec plus de sérénité.

La Pleine Conscience au Service de l'Autonomie

La pleine conscience est un état de présence à l'instant présent, où l'on observe ses pensées, émotions, et sensations sans jugement. Cette pratique est un pilier de l'autonomie émotionnelle, car elle permet de prendre du recul face aux pensées négatives et de ne pas se laisser submerger par elles.

La méditation de pleine conscience permet de :

Observer ses pensées sans s'y identifier : En pratiquant la pleine conscience, vous apprenez à voir vos pensées comme des phénomènes passagers, et non comme des vérités absolues. Cela réduit leur emprise sur vous.

Développer le recul nécessaire : La pleine conscience vous aide à prendre de la distance face aux émotions et aux pensées intenses, et à ne pas réagir de manière automatique.

Renforcer son ancrage intérieur : En cultivant une attention au moment présent, vous renforcez votre capacité à rester centrée et calme, même en période de stress ou d'incertitude.

Exercice : L'Ancrage dans le Présent

Cet exercice est conçu pour vous aider à vous ancrer dans l'instant présent lorsque vous vous sentez stressée ou déconnectée. Il utilise vos cinq sens pour ramener votre attention à ce qui se passe ici et maintenant, en vous aidant à calmer votre esprit et à vous reconnecter à vous-même.

Trouvez une position confortable : Asseyez-vous ou tenez-vous debout dans une position où vous vous sentez à l'aise et stable.

Respirez profondément : Prenez trois grandes inspirations, en sentant votre ventre se gonfler à chaque inspiration et se relâcher à chaque expiration. Cette respiration profonde permet de relâcher les tensions et de calmer votre système nerveux.

Notez les éléments suivants :

5 choses que vous voyez : Regardez autour de vous et identifiez cinq objets ou éléments dans votre environnement. Prenez le temps de les observer attentivement, en notant les couleurs, les formes, et les textures.

4 choses que vous touchez : Prenez conscience de quatre sensations physiques. Par exemple, le contact de vos vêtements sur votre peau, la texture d'un objet que vous tenez, ou la sensation de vos pieds sur le sol.

3 choses que vous entendez : Écoutez attentivement et identifiez trois sons autour de vous. Cela peut être le bruit du vent, le chant des oiseaux, ou même le son de votre propre respiration.

2 choses que vous sentez : Prenez conscience de deux odeurs dans votre environnement. Cela peut être l'odeur d'une plante, d'un parfum, ou de l'air qui vous entoure.

1 chose que vous goûtez : Si vous avez quelque chose à manger ou à boire, prenez une petite gorgée ou bouchée et concentrez-vous sur le goût. Sinon, prenez conscience de la sensation dans votre bouche.

Cet exercice simple d'ancrage dans le présent vous permet de revenir à vous-même en utilisant vos sens. Il est particulièrement utile lorsque vous êtes submergée par des pensées ou des émotions et que vous avez besoin de vous reconnecter à l'instant présent.

À RETENIR

Ces outils de régulation émotionnelle, de pleine conscience et d'ancrage sont des moyens concrets pour renforcer votre autonomie au quotidien. En apprenant à gérer vos émotions de manière saine, à prendre du recul face à vos pensées, et à vous ancrer dans le présent, vous développez une plus grande stabilité intérieure.

L'autonomie émotionnelle n'est pas quelque chose qui se construit en un jour, mais un processus quotidien, fait de petites pratiques régulières. Plus vous intégrez ces outils dans votre vie, plus vous gagnerez en maîtrise de vous-même, en confiance, et en sérénité.

Chapitre 6
Frontières et Limites Saines

Poser des limites est un art essentiel pour maintenir des relations saines et respectueuses, tant avec les autres qu'avec soi-même. Trop souvent, nous voyons les limites comme un acte de rejet ou de confrontation, alors qu'elles sont en réalité un acte d'amour et de respect. Poser une limite, c'est reconnaître ses propres besoins et se donner la permission de les honorer, tout en permettant à l'autre de mieux nous comprendre.

Dans ce chapitre, nous aborderons les étapes pour poser des limites de manière bienveillante, des outils de communication assertive, ainsi qu'un exercice pour identifier et formuler vos limites. Vous trouverez également des exemples de scénarios pour vous exercer à poser des limites dans la vie quotidienne.

L'Art de Poser ses Limites

Poser des limites n'est pas un acte d'hostilité mais un acte d'amour — envers soi-même et envers l'autre. Dire "non" ou exprimer un besoin personnel peut être inconfortable, surtout si l'on craint de déplaire ou d'être perçue comme égoïste. Cependant, poser des limites est un acte essentiel pour préserver son bien-être et éviter les frustrations, les ressentiments, et les épuisements émotionnels.

Poser une limite, c'est être clair sur ce que l'on peut accepter ou non, et le communiquer de façon bienveillante. Voici les quatre étapes pour poser une limite de manière constructive.

Les Quatre Étapes pour Poser une Limite :

Identifier clairement ce qui ne vous convient pas

Avant de pouvoir poser une limite, il est essentiel d'être au clair avec soi-même. Posez-vous la question : *Qu'est-ce qui me met mal à l'aise dans cette situation ?* ou *Qu'est-ce que je ressens lorsque cette limite est franchie ?*

Identifier précisément ce qui ne vous convient pas vous permet d'avoir un message clair et authentique à exprimer.

Exprimer votre besoin sans culpabilité

Exprimer vos besoins de manière honnête et directe, sans vous excuser ou minimiser vos ressentis, est essentiel. Il est important de se rappeler que vous avez le droit de ressentir ce que vous ressentez et de communiquer ce dont vous avez besoin.

Par exemple, au lieu de dire "Je suis désolée, mais je préférerais…", optez pour "J'ai besoin de…". Cela renforce votre message sans sous-entendre que votre besoin est un fardeau.

Proposer une alternative constructive

Poser une limite ne signifie pas nécessairement dire "non" sans compromis. Parfois, il est possible de proposer une solution ou une alternative qui respecte vos besoins tout en maintenant la relation.

Par exemple, si vous avez besoin de temps seule après une journée de travail, vous pourriez dire : "Je préférerais passer un moment au calme ce soir, mais on pourrait se retrouver pour dîner demain."

Maintenir votre position avec bienveillance

Poser une limite peut provoquer des réactions chez l'autre. C'est pourquoi il est important de maintenir votre position avec fermeté et douceur, même si vous rencontrez une résistance.

Par exemple, si votre interlocuteur insiste, vous pouvez répéter calmement : "Je comprends ton point de vue, mais pour moi, il est important de…". Cela montre que vous écoutez l'autre tout en respectant votre propre limite.

Exercice : Le Carnet des Limites

Le carnet des limites est un exercice pratique pour vous aider à prendre conscience des situations inconfortables que vous vivez et des limites que vous souhaiteriez poser. Cet exercice vous permettra de préparer des formulations bienveillantes pour exprimer vos besoins plus facilement.

Instructions :

Prenez un carnet ou une feuille de papier et divisez-la en trois colonnes :

Colonne 1 : Situation inconfortable

Colonne 2 : Limite à poser

Colonne 3 : Formulation bienveillante

Remplissez chaque colonne en fonction des situations que vous vivez.

Exemple :

Situation Inconfortable	Limite à Poser	Formulation Bienveillante
Un collègue me sollicite après mes heures de travail	Ne pas répondre aux demandes professionnelles en dehors de mes horaires	"Je préfère garder mes soirées pour me reposer. Je te répondrai demain matin."
Un ami me demande régulièrement des services sans se soucier de mon emploi du temps	Rappeler que j'ai aussi des obligations et des limites	"Je suis contente de t'aider, mais j'ai aussi mes engagements. Peut-on s'organiser à l'avance ?"
Un proche me fait des remarques critiques sur mon mode de vie	Ne pas accepter les remarques non sollicitées	"Je préfère que l'on évite ce sujet, car c'est un choix personnel."

En utilisant ce carnet, vous pouvez progressivement prendre conscience des situations où vos limites sont franchies et vous entraîner à formuler des réponses bienveillantes pour mieux vous faire respecter.

Communication Assertive

La communication assertive est une méthode de communication qui permet d'exprimer ses besoins, ses sentiments et ses opinions de manière honnête et respectueuse, sans agresser l'autre ni se soumettre. Être assertif signifie reconnaître ses propres droits tout en respectant ceux de l'autre.

L'outil principal de la communication assertive est le **Message-Je**, une technique qui permet de parler de soi sans accuser ni blâmer l'autre. Il se compose de quatre parties :

Quand... (situation) : Décrivez la situation de manière factuelle, sans jugement ni interprétation. Cela permet à l'autre de comprendre le contexte.

Je me sens... (émotion) : Exprimez votre émotion personnelle. En utilisant "Je", vous vous appropriez votre ressenti sans accuser l'autre.

Parce que... (impact) : Expliquez pourquoi cette situation vous affecte. Cela aide l'autre à comprendre l'origine de votre émotion.

J'aimerais... (besoin) : Formulez votre besoin ou votre souhait de manière claire et réaliste.

Exemple :

Scénario 1 : Un ami arrive systématiquement en retard lors de vos rendez-vous.

Non assertif : "Ce n'est pas grave, j'ai l'habitude…"

Agressif : "Tu es vraiment irrespectueux !"

Assertif : "Quand tu arrives en retard, je me sens frustrée car mon temps est précieux. J'aimerais que nous nous mettions d'accord sur un horaire que nous pouvons tous deux respecter."

L'assertivité vous permet de poser des limites de manière claire et bienveillante, sans agresser ni vous soumettre. Elle est une compétence essentielle pour maintenir des relations saines et équilibrées.

Mise en Situation : Scénarios Pratiques

Voici quelques scénarios pour vous entraîner à poser des limites et à utiliser la communication assertive. Essayez de formuler une réponse assertive pour chaque situation.

Scénario 2 : Un collègue envahit régulièrement votre espace personnel

> **Non assertif** : « Ce n'est rien, je vais me débrouiller… »
>
> **Agressif** : « Tu es toujours dans mes affaires, ça devient insupportable ! »
>
> - **Assertif** : "Quand tu regardes mes documents sans me demander, je me sens envahie car j'ai besoin de mon espace de travail. J'aimerais que tu me demandes avant de prendre mes affaires."

Scénario 3 : Un membre de la famille fait des commentaires sur vos choix de vie

> **Non assertif** : « Oui, tu as peut-être raison… »
>
> **Agressif** : « Occupe-toi de tes affaires ! »
>
> **Assertif** : « Quand tu critiques mes choix, je me sens incomprise car mes décisions sont importantes pour moi. J'aimerais que nous respections nos différences. »

Scénario 4 : Votre partenaire souhaite que vous passiez tout votre temps libre ensemble

> **Non assertif** : « D'accord, si c'est ce que tu veux… »

> **Agressif** : « Tu ne me laisses jamais respirer ! »

> **Assertif** : « Quand nous passons tout notre temps ensemble, je me sens parfois étouffée car j'ai aussi besoin de moments seule. J'aimerais que nous trouvions un équilibre qui nous convienne à tous les deux. »

À RETENIR

Poser des limites et les exprimer de manière assertive est une compétence précieuse pour préserver son bien-être émotionnel et entretenir des relations harmonieuses. En apprenant à communiquer vos besoins et à poser des limites de manière bienveillante, vous créez un espace de respect mutuel, où chacun peut s'épanouir sans empiéter sur l'autre.

Utilisez les exercices du **Carnet des Limites** et du **Message-Je** pour vous entraîner à poser des limites dans votre vie quotidienne. Plus vous pratiquerez, plus il vous sera facile de reconnaître vos besoins et de les exprimer avec clarté et bienveillance. Poser des limites saines est un acte de respect envers vous-même et les autres — c'est une manière d'affirmer votre valeur et de vous assurer que vos relations sont équilibrées et respectueuses.

Chapitre 7
Réinventer ses Relations

Dans ce chapitre, nous abordons l'art de réinventer ses relations pour les rendre plus épanouissantes et équilibrées. Dans une relation saine, chacun des partenaires est en mesure de maintenir son individualité, de partager sans se perdre, et de grandir ensemble tout en restant lui-même. Cela est possible grâce à ce que l'on appelle l'interdépendance saine.

De la Fusion à l'Interdépendance

La fusion dans une relation implique souvent une perte d'identité et une dépendance excessive. Dans une relation fusionnelle, les frontières sont floues, les besoins de l'un deviennent ceux de l'autre, et la peur de l'abandon ou du rejet domine. Bien qu'elle puisse sembler passionnée, la fusion empêche souvent chacun des partenaires de s'épanouir pleinement, car elle repose sur la dépendance plutôt que sur l'autonomie et la liberté individuelle.

L'interdépendance saine, en revanche, est une forme de relation dans laquelle chaque personne peut exister pleinement en tant qu'individu tout en étant connecté à l'autre. Cela signifie que vous pouvez maintenir votre propre identité, avoir vos propres passions et intérêts, tout en partageant un lien profond avec l'autre. L'interdépendance saine permet de :

Maintenir son individualité : Être dans une relation tout en respectant son propre espace, ses valeurs, et ses limites.

Partager sans se perdre : Offrir et recevoir sans se diluer, sans fusionner de manière excessive, et sans perdre de vue ses propres besoins et désirs.

Grandir ensemble tout en restant soi-même : Utiliser la relation comme un espace de croissance partagée, où chacun peut évoluer individuellement tout en contribuant au développement de l'autre.

Exercice : La Carte des Relations

La carte des relations est un exercice visuel qui vous aide à évaluer la qualité de vos liens, votre niveau d'autonomie dans chaque relation, et les zones de croissance potentielle. Cet exercice vous permet de voir clairement où vous vous situez dans vos relations et où vous pourriez éventuellement renforcer votre autonomie ou ajuster certains aspects pour créer plus d'équilibre.

Instructions :

Dessinez un cercle central vous représentant : Sur une feuille de papier, dessinez un cercle au centre. Ce cercle représente vous-même, votre espace personnel, et votre autonomie.

Placez vos relations importantes autour de vous : Dessinez des cercles autour de celui du centre, représentant vos relations importantes. Par exemple, vous pouvez inclure des membres de la famille, des amis proches, des collègues, et bien sûr, votre partenaire si vous êtes en couple. Placez chaque relation à une distance du centre qui représente votre niveau de proximité émotionnelle avec cette personne.

Utilisez des couleurs pour représenter :

La qualité du lien : Choisissez une couleur pour symboliser la qualité de chaque relation. Par exemple, le vert pourrait représenter une relation harmonieuse et nourrissante, le jaune une relation neutre ou fluctuante, et le rouge une relation conflictuelle ou tendue. Cela vous permettra de visualiser les relations dans lesquelles vous vous sentez bien, et celles qui pourraient avoir besoin de plus d'attention ou de clarification.

Le niveau d'autonomie : Utilisez une échelle de couleurs ou des symboles pour représenter votre niveau d'autonomie dans chaque relation. Par exemple, un cercle plein pourrait représenter une relation où vous vous sentez indépendante et respectée, tandis qu'un cercle vide pourrait représenter une relation dans laquelle vous avez tendance à vous perdre ou à fusionner.

Les zones de croissance potentielle : Utilisez des lignes ou des flèches pour indiquer les zones où vous aimeriez voir évoluer la relation. Par exemple, si vous souhaitez renforcer votre autonomie dans une relation particulière, tracez une flèche avec une couleur spécifique vers ce cercle pour indiquer votre intention de croissance dans cette direction.

Exemple de Carte des Relations :

Imaginons que vous avez dessiné les cercles suivants autour de votre cercle central :

Cercle vert (relation harmonieuse) : Une amie proche avec qui vous vous sentez vous-même et avec qui il existe une grande liberté d'expression. Ce cercle est proche de vous et symbolise une relation de confiance et de soutien mutuel.

Cercle jaune (relation fluctuante) : Un collègue avec qui vous travaillez souvent mais qui peut parfois empiéter sur votre espace personnel. Ce cercle est un peu plus éloigné et symbolise une relation professionnelle qui oscille entre le respect et des tensions occasionnelles.

Cercle rouge (relation tendue) : Un membre de la famille avec qui vous avez une relation conflictuelle. Ce cercle est plus éloigné et vous avez tracé une flèche indiquant que vous aimeriez travailler sur votre autonomie émotionnelle pour ne pas être trop affectée par ses critiques ou son jugement.

Analyse de la Carte des Relations

Une fois que vous avez complété votre carte des relations, prenez un moment pour observer et réfléchir :

Quelles relations vous semblent nourrissantes et équilibrées ? Ces relations sont celles dans lesquelles vous vous sentez respectée et où vous pouvez être vous-même sans avoir à vous justifier ou à trop vous adapter.

Quelles relations pourraient bénéficier d'un ajustement ? Y a-t-il des relations où vous avez tendance à fusionner ou à dépendre de l'autre de manière excessive ? Y a-t-il des relations où vous vous sentez mal à l'aise ou non respectée ?

Dans quelles relations aimeriez-vous renforcer votre autonomie ? Identifiez les liens dans lesquels vous aimeriez poser des limites ou gagner en indépendance. Notez les actions concrètes que vous pourriez entreprendre pour atteindre cet objectif, comme poser des limites claires, exprimer vos besoins ou réduire la fréquence de certains échanges.

Quels sont les domaines de croissance potentielle ? Y a-t-il des relations qui vous inspirent à grandir, à apprendre, ou à sortir de votre zone de confort ? Ces relations sont précieuses car elles vous poussent à évoluer tout en vous respectant.

De la Réflexion à l'Action

La carte des relations est un outil de prise de conscience, mais elle n'a de valeur que si elle est suivie d'actions concrètes. Voici quelques suggestions pour réinventer vos relations en passant de la fusion à l'interdépendance :

Renforcez les relations équilibrées : Nourrissez les relations où vous vous sentez respectée et libre d'être vous-même. Exprimez votre gratitude pour ces relations et investissez du temps et de l'énergie pour les entretenir.

Posez des limites dans les relations fusionnelles : Si vous avez des relations dans lesquelles vous sentez que votre individualité est compromise, pratiquez l'art de poser des limites bienveillantes (voir le Chapitre 6). Rappelez-vous que poser une limite n'est pas un acte d'hostilité, mais un moyen de préserver votre bien-être.

Exercez la communication assertive : Utilisez la technique du Message-Je pour exprimer vos besoins et clarifier vos attentes. L'assertivité vous aide à trouver un équilibre entre l'expression de vous-même et le respect de l'autre.

Réduisez le temps passé dans les relations toxiques : Si certaines relations sont trop conflictuelles ou drainantes, il peut être nécessaire de réduire le temps que vous leur consacrez. Parfois, prendre de la distance est la meilleure manière de se protéger tout en respectant ses propres limites.

Cultivez des relations qui vous inspirent : Recherchez des relations où chacun inspire l'autre à grandir. Ces relations sont basées sur le respect mutuel, la confiance et le soutien réciproque, et vous encouragent à évoluer tout en restant fidèle à vous-même.

À RETENIR

Passer de la fusion à l'interdépendance dans ses relations est un processus qui demande de la conscience, de la pratique et de la patience. En cultivant une interdépendance saine, vous apprenez à donner et à recevoir sans vous perdre, à maintenir votre individualité tout en étant proche des autres, et à créer des liens qui vous nourrissent sans vous limiter.

L'exercice de la carte des relations est un moyen puissant pour faire un bilan de vos relations et pour identifier les ajustements nécessaires pour préserver votre autonomie. En travaillant sur ces aspects, vous pourrez réinventer vos relations de manière à ce qu'elles soutiennent votre épanouissement personnel et renforcent votre sentiment de liberté.

Chapitre 8
L'Amour en Conscience

Dans ce chapitre, nous abordons l'amour conscient, une manière de vivre la relation amoureuse en pleine présence, respectant l'intégrité de chacun et favorisant une croissance mutuelle. L'amour conscient est un engagement à être soi-même, à communiquer avec clarté et bienveillance, et à construire un lien basé sur la liberté et le respect. Contrairement à l'amour fusionnel, où l'on a tendance à se perdre dans l'autre, l'amour conscient repose sur un équilibre subtil : être ensemble tout en restant soi-même.

Les Fondements d'une Relation Amoureuse Équilibrée

Une relation amoureuse équilibrée repose sur cinq piliers essentiels, qui permettent de construire un amour respectueux, autonome et nourrissant.

1. L'Authenticité

Être soi-même sans masque : Dans un amour conscient, chacun peut se montrer tel qu'il est, sans avoir à se conformer aux attentes de l'autre ou à jouer un rôle.

Exprimer ses vrais besoins : Oser dire ce dont on a réellement besoin sans craindre de déplaire ou d'être jugée est une preuve de respect envers soi-même et l'autre.

Partager ses vulnérabilités avec discernement : Être authentique, c'est aussi être capable de montrer ses faiblesses et ses fragilités, tout en discernant le bon moment pour les partager.

2. Le Respect des Espaces

Maintenir des centres d'intérêt personnels : Avoir des passions et des intérêts en dehors du couple permet de rester connectée à soi-même et d'enrichir la relation.

Préserver des amitiés individuelles : Cultiver des relations amicales indépendamment du couple est un signe de maturité émotionnelle et d'équilibre.

Cultiver sa solitude nourrissante : Savoir passer du temps seule permet de renforcer son autonomie et de ne pas attendre que l'autre comble tous ses besoins.

3. La Communication Claire

Partager ses attentes : Exprimer ouvertement ce que l'on attend de la relation, pour éviter les malentendus et clarifier les besoins mutuels.

Exprimer ses limites : Poser des limites est essentiel pour préserver son espace personnel et respecter celui de l'autre.

Célébrer les différences : Apprendre à accepter et apprécier les différences de l'autre, sans chercher à le/la changer, enrichit le lien et permet d'éviter les conflits inutiles.

4. L'Engagement Choisi

Décider chaque jour d'être ensemble : L'amour conscient n'est pas basé sur la dépendance mais sur un choix renouvelé, un engagement conscient.

Renouveler consciemment son engagement : Prendre le temps de se rappeler les raisons pour lesquelles on est ensemble et de cultiver la gratitude pour ce que chacun apporte.

Cultiver la gratitude : Apprécier les petits gestes, les moments partagés et l'attention de l'autre au quotidien renforce le lien et nourrit l'amour.

5. La Croissance Mutuelle

S'encourager dans ses projets personnels : Un amour conscient est un soutien, un espace où chacun est libre d'évoluer et de poursuivre ses propres rêves.

Célébrer les succès de l'autre : Se réjouir des réussites de l'autre, sans jalousie ni compétition, permet de renforcer la complicité.

Évoluer ensemble tout en restant soi-même : L'amour conscient offre un espace de croissance partagé, où chacun évolue à son rythme tout en contribuant à la relation.

Exercice : Le Manifeste d'Amour Conscient

Cet exercice vous aide à clarifier votre vision de l'amour et de la relation que vous souhaitez construire. En prenant le temps de rédiger votre propre manifeste d'amour conscient, vous définissez les bases d'une relation équilibrée et épanouissante.

Questions pour vous guider :

> **Quelles sont vos valeurs non négociables ?** Identifiez les principes qui sont essentiels pour vous dans une relation, comme l'honnêteté, le respect, la liberté, etc.

> **Quels espaces personnels souhaitez-vous préserver ?** Pensez aux activités, aux passions ou aux moments de solitude qui sont importants pour vous et que vous souhaitez continuer de cultiver.

> **Comment voulez-vous être aimée ?** Décrivez les façons dont vous souhaitez être traitée et soutenue dans une relation.

> **Comment souhaitez-vous aimer ?** Réfléchissez à la manière dont vous voulez offrir votre amour, votre présence et votre soutien à l'autre.

En répondant à ces questions, vous créez un cadre clair pour la relation amoureuse que vous souhaitez vivre, et vous vous assurez de rester fidèle à vous-même.

Aimer sans s'oublier

Aimer sans s'oublier, c'est savoir maintenir son autonomie et sa responsabilité émotionnelle tout en étant ouverte à l'autre. C'est un équilibre délicat entre donner et recevoir, entre soutenir l'autre et se soutenir soi-même.

Les Sept Clés de l'Amour Autonome

1. La Responsabilité Émotionnelle

Reconnaître que notre bonheur nous appartient : Ne pas attendre que l'autre soit responsable de notre bien-être.

Ne pas faire porter nos blessures à l'autre : Accepter que chacun a son propre passé et ses propres blessures, et que notre partenaire n'a pas à "réparer" les nôtres.

Prendre soin de nos besoins émotionnels : Apprendre à combler ses propres besoins avant de les attendre de l'autre.

2. L'Équilibre des Énergies

Donner sans s'épuiser : Offrir son soutien et son amour sans négliger ses propres besoins ni se sacrifier.

Recevoir sans culpabilité : Accepter l'amour et le soutien de l'autre avec gratitude, sans se sentir coupable ou redevable.

> **Maintenir une dynamique équitable** : S'assurer que les échanges dans la relation sont équilibrés, afin que chacun se sente valorisé et respecté.

Témoignage : Claire, 38 ans

« Après des années de relations fusionnelles, j'ai appris à aimer différemment. Aujourd'hui, je peux partir en voyage seule sans culpabilité, et mon couple n'en est que plus fort. Mon partenaire et moi respectons nos besoins individuels, et cette liberté rend notre relation plus profonde. J'ai compris que pour aimer de manière saine, je devais d'abord apprendre à être bien avec moi-même. »

Ce témoignage de Claire illustre parfaitement la puissance de l'autonomie dans une relation amoureuse. En cultivant son indépendance, elle a pu construire un couple solide, où chacun est libre de s'épanouir à son rythme, sans se sentir limité ou dépendant.

Exercice Pratique : Les Cercles de l'Autonomie

Cet exercice vous aide à définir vos besoins, vos zones de compromis et vos espaces de partage dans une relation amoureuse. En visualisant ces aspects sous forme de cercles concentriques, vous pouvez mieux comprendre comment équilibrer l'autonomie et la connexion dans votre couple.

Instructions :

> **Dessinez trois cercles concentriques** :
>
> > Le **cercle central** représente vos besoins essentiels non négociables, les aspects de votre vie et de votre personnalité que vous

ne souhaitez pas compromettre (par exemple, la liberté de poursuivre vos passions ou la nécessité d'avoir du temps pour vous).

Le **cercle du milieu** représente vos zones de flexibilité et de compromis, des aspects où vous êtes prête à faire des ajustements pour le bien de la relation (par exemple, partager certaines activités même si elles ne sont pas votre premier choix).

Le **cercle extérieur** représente vos espaces de partage et de fusion, les domaines où vous souhaitez être complètement engagée dans la relation (par exemple, les projets de vie commune, les valeurs partagées).

Remplissez chaque cercle en fonction de vos besoins et de vos souhaits.

Cet exercice vous permet de clarifier vos priorités dans la relation, de voir où vous êtes prête à faire des compromis, et de vous assurer que votre espace personnel est respecté.

Conclusion : Votre Nouvelle Histoire

Ce voyage vers l'autonomie émotionnelle et l'amour conscient est une invitation à réinventer vos relations, en commençant par celle que vous entretenez avec vous-même. En prenant le temps de clarifier vos valeurs, vos besoins, et votre vision de l'amour, vous pouvez construire des relations équilibrées et enrichissantes.

Exercice de Synthèse : La Lettre du Futur

Écrivez une lettre datée d'un an dans le futur, où vous décrivez les changements que vous avez intégrés dans votre vie. Imaginez la femme que vous êtes devenue grâce à ces nouvelles habitudes et à ces transformations dans vos relations.

Plan d'Action sur 90 Jours

Premier Mois : Fondations

> **Semaine 1-2** : Installation des rituels d'autonomie (méditation, journal, moments de solitude)

> **Semaine 3-4** : Pratique des limites saines

Deuxième Mois : Transformation

> **Semaine 5-6** : Révision des relations

> **Semaine 7-8** : Développement de nouvelles compétences émotionnelles (communication assertive, gestion des émotions)

Troisième Mois : Intégration

> **Semaine 9-10** : Application dans les relations existantes

> **Semaine 11-12** : Célébration des progrès et ajustements

Chère lectrice,

L'autonomie émotionnelle est un voyage, non une destination. Chaque prise de conscience, chaque petite victoire compte. Vous avez en vous toutes les ressources nécessaires pour vivre des relations épanouissantes tout en restant fidèle à vous-même. N'oubliez jamais que votre valeur ne dépend pas de vos relations, mais de la relation que vous entretenez avec vous-même.

Continuez à cultiver votre jardin intérieur, à honorer vos besoins, et à célébrer votre unicité. Vous êtes plus forte que vous ne le pensez, plus sage que vous ne le croyez, et infiniment précieuse.

Avec bienveillance et confiance,

[Nom de l'auteure]

Annexes

Journal de Bord

Le journal de bord est un modèle de journal spécialement conçu pour vous accompagner tout au long de votre voyage vers l'autonomie émotionnelle. Il comprend des *prompts* de réflexion quotidienne et hebdomadaire, qui vous aideront à prendre conscience de vos progrès, de vos défis et de vos apprentissages. Voici quelques exemples de *prompts* inclus dans le journal de bord :

> Quelles émotions ai-je ressenties aujourd'hui ? Qu'est-ce qui les a déclenchées ?

Comment ai-je pris soin de mes besoins aujourd'hui ?

Quel progrès ai-je fait dans mes relations cette semaine ?

Quelles limites ai-je posées ? Quelles réactions ont-elles suscitées ?

Comment puis-je mieux honorer mon autonomie émotionnelle dans les jours à venir ?

Le journal de bord est un espace de réflexion personnelle et d'auto-observation. Utilisez-le pour noter vos découvertes, exprimer vos émotions, et poser des intentions pour l'avenir.

Questionnaires d'Auto-évaluation

Les questionnaires d'auto-évaluation vous aident à mesurer vos progrès tout au long de votre parcours. Ces outils vous permettent de faire le point sur différents aspects de votre autonomie émotionnelle, de votre estime de soi, et de votre capacité à poser des limites.

Merci d'avoir pris ce chemin courageux. Continuez à avancer avec confiance.

SOMMAIRE